YUWEN KETANG DE AOMIAO

语文课堂的奥妙

张士亮　著

知识产权出版社
全国百佳图书出版单位
—北京—

图书在版编目（CIP）数据

语文课堂的奥妙 / 张士亮著 . —北京：知识产权出版社，2024.1
ISBN 978-7-5130-9046-9

Ⅰ . ①语… Ⅱ . ①张… Ⅲ . ①中学语文课—课堂教学—教学研究—高中
Ⅳ . ① G633.302

中国国家版本馆 CIP 数据核字（2023）第 234019 号

内容提要

本书主要从语文教师学科素养提升、语文课堂教学设计方法与技巧、语文课堂教学活动组织、语文课堂有效氛围创设、语文课堂教学手段应用、语文课堂教学模式创新等方面，探讨提升语文课堂教学的效果、打造精品语文课堂的方法，可作为广大语文教学工作者的参考用书。

责任编辑：刘晓庆　　　　　　　　责任印制：孙婷婷

语文课堂的奥妙

张士亮　著

出版发行：知识产权出版社有限责任公司	网　　址：http : //www.ipph.cn
电　　话：010-82004826	http : //www.laichushu.com
社　　址：北京市海淀区气象路 50 号院	邮　　编：100081
责编电话：010-82000860 转 8073	责编邮箱：laichushu@cnipr.com
发行电话：010-82000860 转 8101	发行传真：010-82000893
印　　刷：北京中献拓方科技发展有限公司	经　　销：新华书店、各大网上书店及相关专业书店
开　　本：787mm×1000mm　1/16	印　　张：12
版　　次：2024 年 1 月第 1 版	印　　次：2024 年 1 月第 1 次印刷
字　　数：154 千字	定　　价：78.00 元

ISBN 978-7-5130-9046-9

出版权专有　侵权必究
如有印装质量问题，本社负责调换。

前　言

　　"人民教育家"国家荣誉称号获得者于漪老师说:"语文是民族之根,它无声地记载着民族的物质文明和精神文明,记载着民族文化的地质层,母语教育必须与民族文化紧密相连。"语文教学是母语教学,同时具有人文性、工具性、综合性和实践性❶的特点,语文的教学目标与任务也就带有一定的综合性、复杂性和艰巨性。它不仅要求语文教师在教学实践中引导学生在真实的语言运用情境中,通过自主的语言实践活动,积累言语经验,把握祖国语言文字的特点和运用规律,加深对祖国语言文字的理解与热爱,培养运用祖国语言文字的能力;同时还要求语文教师要发展学生思辨能力,提升学生思维品质,培育学生的社会主义核心价值观,培养学生高尚的审美情趣,提升学生综合素质,使学生具有理想信念和社会责任感。❷要实现上述目标,语文教师任重而道远。而课堂是语文教学的主阵地,上述目标的实现应该主要依托课堂教学来完成,这也就对语文课堂教学提出了更高的要求。

　　那么语文课该怎么上,什么样的语文课堂才是好的语文课堂呢?对于这个问题的回答,历来是"仁者见仁,智者见智"。著名语文教育家刘国正先生说:"语文教师要能拨动学生的心弦,激发学生的学习积极性,达到'教师引导学生,学生也能推动教师,教师得心应手,学生如沐春风'的境界。"

---

❶ 中华人民共和国教育部.普通高中语文课程标准(2017年版2020年修订)[S].北京:人民教育出版社,2020:4.

❷ 同❶.

特级教师崔峦先生说："一节好的语文课存在三种境界，一是'人在课中，课在人中'；二是'人如其课，课如其人'；三是'人即课，课即人'。教学的最高境界是真实、朴实、扎实。"著名教育家叶圣陶先生说："教师之为教，不在全盘授予，而在相机诱导。"三位专家从不同的角度对语文课堂的标准提出了自己的观点。

笔者认为，对一节语文课堂的评价至少应包含两个部分，一是评人，二是评课。先说评人，任何评课者对一节语文课的评价都会不自觉地渗透对授课教师的评价。授课教师的形象和气质、教学基本功、驾驭课堂能力等，都会影响一节课的效果，都是"评人"要关注的因素。再说评课，判断一节语文课的成与败，最起码要从以下四个方面进行评判。

一是看课堂效果，即看教学目标达成度，看学生在知识积累、思维训练、能力提升、情感熏陶、价值观培育等方面的收获，不必面面俱到，但必须让学生收获满满。二是看教学过程，看教学环节设置是否科学，看教学活动安排是否合适，看教学节奏是否流畅。三是看课堂氛围，看学习气氛是否民主，看课堂交流是否充分，看学生参与是否积极，看学生自主学习地位是否得到充分尊重。四是看课堂创新，看课堂教学理念是否先进，看教学模式、教学手段、教学方法是否新颖，看整个教学过程中是否有亮点，看课堂的教和学能否给听课者带来有益的启发和感悟。

要上好一节语文课并不容易，它需要教师具备丰厚的文化底蕴、极高的专业素养、先进的教学理念、扎实的教学基本功及丰富的教学实践经验。但它又不是高不可攀的，语文课堂教学有它自身的规律、原则、方法和技巧，这也是语文课堂的奥妙。只要通过不断学习参透这些奥妙，然后在课堂教学中大胆实践，并结合自己的风格和特点合理改进、完善，你很快就会成为一名优秀的语文教师，很快就能上好语文课。

在本书中，笔者结合自己三十年的教学和教研经验，从语文教师自身修养、语文课堂良好的氛围创设、语文活动的设计与组织、语文课堂教学手段应用、语文课堂教学设计技巧等方面对语文课堂教学的规律、方法和技巧等进行了探讨，试图揭开语文课堂的面纱，发现其中的奥妙，以便服务广大语文教学工作者。

本书适合参加教师招考、竞聘语文教师岗的人阅读，它可以帮助读者在短时间内明确语文课堂教学的本质和内涵，了解备课、讲课的正确方法，避免在备考中少走弯路。本书适合新入职语文教师阅读，本书所述教学理念、教学策略可以帮助读者迅速提升语文课堂的教学能力和水平；本书也适合广大语文教师阅读，本书对广大语文教师提升自身业务修养、练就扎实的教学基本功和打造高效的课堂，能够提供有价值的实践经验和务实的策略支持。

本书所引述材料皆已尽量注明，个别引述因无法查到出处难以注明，敬请谅解。如涉版权，敬请与作者联系。

张士亮

2023 年 8 月

目 录

第一章　语文教师应该具备的素养 / 1
  第一节　扎实的教学基本功素养 / 1
  第二节　深厚的人文素养 / 5
  第三节　过硬的专业素养 / 8
  第四节　必需的教育科研素养 / 9
  第五节　与时俱进的媒介素养 / 11

第二章　如何创设积极的语文课堂教学氛围 / 14
  第一节　积极教学氛围的特征和意义 / 14
  第二节　过硬的课堂驾驭能力和鲜明的教学风格 / 15
  第三节　构建融洽的师生关系 / 17
  第四节　创造适合学生的教学情景 / 19
  第五节　学生是创建积极课堂教学氛围的重要资源 / 23

第三章　语文课堂教学的继承与创新 / 26
  第一节　继承与创新的关系 / 26
  第二节　传统语文课堂中的弊端 / 26
  第三节　传统语文课堂的优良传统 / 28
  第四节　语文课堂教学的创新策略 / 32

第四章　语文课堂的预设与生成 / 41

　　第一节　预设与生成现状 / 41

　　第二节　预设与生成相辅相成 / 42

　　第三节　吃透课标，教材是预设的前提 / 45

　　第四节　预设需要准确把握学情 / 46

　　第五节　预设宜"粗"不宜"细" / 46

　　第六节　预习准备和课外积累可以有效地促进课堂生成 / 48

　　第七节　教师要做课堂生成的催化剂 / 49

第五章　如何组织开展小组合作学习 / 52

　　第一节　小组合作学习存在的问题 / 52

　　第二节　提升小组合作学习效果的有效途径 / 55

第六章　语文课堂教学的提问技巧 / 63

　　第一节　课堂提问的作用 / 63

　　第二节　课堂提问存在的问题 / 64

　　第三节　课堂提问的策略 / 68

第七章　语文课堂教学多媒体辅助手段应用技巧 / 75

　　第一节　目前存在的问题 / 75

　　第二节　提高多媒体教学效果的策略 / 80

第八章　导入语和结束语的设计技巧 / 87

　　第一节　导入语的设计技巧 / 87

　　第二节　结束语的设计技巧 / 98

第九章　语文课堂的教学设计策略 / 115

　　第一节　课堂教学设计的定义和作用 / 115

　　第二节　教学设计的策略和技巧 / 116

　　第三节　不同文体的教学设计 / 121

　　第四节　教学设计示例 / 137

附　录　个性化教材的解读示例 / 165

　　示例一：基于主题延伸的祥林嫂死因探秘 / 165

　　示例二："虚室"之辩 / 170

　　示例三：《百合花》人物塑造之美 / 175

第一章 语文教师应该具备的素养

语文教学是母语教学，它是一切教育的基础，担负着传承中华民族语言文字和优秀文化的历史使命。语文教师既是语文教学的实施者，也是语文学习的组织者、引领者。

语文教学的质量和效果与语文教师的素养息息相关。相比较其他学科，语文教学对教师的素养要求更高。

第一节 扎实的教学基本功素养

任何学科的教师要想胜任学科教学的任务，都必须具备扎实的教学基本功。而语文教学在教学基本功方面对语文教师提出了更高的要求。

一、书写基本功

扎实的书写基本功是对任何一个学科教师的基本要求，但对语文教师的要求应该更高，因为写字教育本身就是语文教学的一项重要任务。《论语·子路篇》说："其身正，不令而行；其身不正，虽令不从。"[1] 如果语文教师能够写得一笔好字，不用刻意重视书法教学，学生在经意或不经意的模仿中自然会写得一笔好字；如果教师的字拿不出手，即使再强调书写的重要性，学生的书写水平也不会太高。这就是榜样的力量。

---

[1] 孔子.论语·子路[M].北京：中国社会科学出版社，2003.

教师的一笔好字对学生产生的影响绝不只停留在写字本身。教师字迹的工整规范性、美观大方，可以极大地提升教师在学生心中的威望；教师写字时认真专注的态度，可以在潜移默化中使学生端正学习和做人、做事的态度；教师一板漂亮的板书，也是课堂情景的重要组成部分，能够提升课堂的美感，烘托课堂的氛围。写字教育不仅是语文教育，也是一种素质教育。学生通过写字训练，能够陶冶性情，开阔视野，提升思维品质，提高审美情趣。写字教育还是一种文化教育，因为书法本身就是中华民族优秀文化的重要组成部分，学生有责任了解并传承。写字教育还是一种技能教育，这种技能的培养不仅是为语文教学服务的，也是为所有学科服务的。因为所有的学科都要求字迹工整和卷面整洁，可见语文教师的责任有多么重大。若要能够承担起这一责任，语文教师就必须自己先练就一笔好字。

当下，随着网络和多媒体技术的发展，教师大都习惯了电子备课，以及多媒体教学。由于写字的机会少了，教师的书写水平往往也慢慢下降了，教师书写水平的下降直接导致学生书写水平的下降。这既是写字教育的退步，也是语文教学的退步。广大语文教师对此应该有清醒的认识。语文教学技术与手段的进步绝不该消解写字教育的重要性。为此，语文教师要把写字教育重新重视起来，自己练就一笔好字，也让学生练就一笔好字，把语文教学的写字教育传承并发扬光大。

二、语言基本功

语言基本功绝不等于只会说一口标准的普通话，它是指教师在组织教学、课堂表述、课堂评价及课文朗读等教学环节所表现出来的熟练运用语言表达技巧的一种综合能力。不同的课堂环节、不同的教学场景、不同的话语指向，教师使用的语言和表达的方式应该有所不同。苏联著名教育家苏霍姆林斯基说："教育的艺术首先包括说话的艺术。"语文教学是母语教学，语言表达能力的训练是语文教学的重要任务之一。语文教师自身的语言表述在内容与方式上都应该对学生起到引领示范作用，所以语文教师在语言基本功方面应该比其他学科教师有更高的要求。

一是语文教师的普通话要比其他教师更标准，要做到简洁明快、干净利落，要做到节奏、停顿、读音准确无误。一口流利、标准的普通话本身就能对学生产生巨大的吸引力。

二是语文教师的语言要更具有感染力、亲和力和号召力。语文既是一门工具学科，也是一门人文学科。情感的熏陶、情趣的培养、价值观的塑造、人文精神的培育等都是语文教学的内涵和要求。而要实现这些教育目标，首先要求语文教师自身具有浓厚的情感、高尚的情操和仁爱的胸怀，并把它们渗透到教学语言当中，让语言充满感染力、亲和力和号召力，去感召学生，陶冶学生，熏染学生。

三是教师要有诵读的基本功。诵读绝不只是声音的展示和传递，诵读中还包含着教师对文本内容的理解，对文本情感的把握。教师要在诵读过程中把这种理解和把握加载、渗透进去，通过声音高低、节奏快慢的变化，以及轻音、重音精确转换加以强化，然后传递给学生。所以诵读实际上是语文教师综合素养的一种展示。因此，很多人说，一个诵读水平很高的语文教师一定是一个不错的语文教师。

前面所说的是作为一名语文教师应该强化的语言基本功。其实，语言基本功还表现在很多方面，如课堂语言的权威性、警示性、激励性、幽默性等。语言基本功的扎实与否，决定着教师能否有效地组织教学、把控课堂，决定着教师课堂教学的氛围，决定着教师在学生心目中的形象，也决定着教师课堂教学的最终效果。为此，每一位语文教师都应该练就过硬的语言基本功。

三、写作基本功

写作教学是语文教学中一项非常重要的任务，而要教会学生写作，语文教师自己必须会写作并且擅长写作，要具备扎实的写作基本功。语文教师大都经过了专业的培训，会写作不是问题，但要做到擅长写作、经常写作就不太容易了。因为写作是一件大量耗费脑力和精力的事，写出作品不容易，写出好的作品更难。但我们不能因为困难就逃避写作。叶圣陶先生说："语文教师教学生作文，要是老师经常动笔，或者跟学生作相同的题目，或者另外写些什么，就能有效地帮助学生，加快学生进步。"❶写作既是语文教师专业成长的必然要求，也是语文教师语文教学的必然要求。为此，语文教师要做到敢于写作、坚持写作、擅长写作。

第一，要坚持写下水文。不写下水文，教师就不能充分感受学生写作的全过程，就体验不到学生写作时在审题立意、材料组织、结构安排、语言表现等方面的甘苦，作文指导、作文批改、作文讲评就缺乏针对性和有效性；不写下水文，教师就不能把自己的一些观点、思路和写作技巧渗透到文章中去并为学生写作起到示范引领作用；长期不写下水文，学生会觉得教师不敢写下水文，写不好下水文，教师在学生心目中的威望就会大大降低。教师经常写下水文有很多好处：可以拉近和学生之间的距离，增进师生的情感，便于建立和谐的师生关系；可以通过师生相互切磋提高学生写作的兴趣；可以提升教师的专业素养和写作水平等。

第二，教师应该坚持写教学反思。"学而不思则罔，思而不学则殆。"❷教学反思是教师对自己教学工作的一种自我反省和自我监督。经常写教学反思，可以对自己教学过程中的得与失进行客观地评价，便于总结经验和

---

❶ 叶圣陶. 叶圣陶教育名篇选[M]. 北京：人民教育出版社，2014.
❷ 孔子. 论语·为政[M]. 北京：中国社会科学出版社，2003.

检讨失误，便于促进自己的教学成长。而且反思都是基于自己的教学实践经历，材料熟悉，方式简单，容易下笔，容易坚持。长期写教学反思有利于形成自己良好的写作习惯，利于提升自己的写作素养。

第三，坚持写读书笔记。读书笔记是指读书时为了把自己的读书心得记录下来或为了把文中的精彩部分整理出来而做的笔记。语文教师应该多读书，读书时坚持写读书笔记。坚持写读书笔记可以促使自己读书时对阅读对象进行深度思考与评价，促进与作者进行心灵的沟通，让自己的阅读变得更加专注，让自己的阅读变得更有质量和效益。同时，写读书笔记又可以为自己的写作积累素材，为自己提供经常练笔的机会。

第四，坚持写教育、教学论文。教育、教学论文是教师教学经验和教学研究成果在写作上的表现，是教师将平时教学中的一些经验和思考进行总结并运用理论知识进行分析和梳理最终形成的成果。经常写论文可以深化自己对教育、教学的理解，可以提升自己的教育科研素养。同时，撰写论文的过程也是一个写作的过程，论文的写作要求客观、准确、严密、深刻，坚持撰写论文可以训练自己准确、严谨的文风。

第二节　深厚的人文素养

人文素养即人的文化素质与修养，其内涵主要包括人文知识、人文精神和人文行为三个方面，具体表现为人的文化品位、审美情趣、心理素质、人生态度、道德修养等。

语文是一门综合性很强的学科，也是一门工具性和人文性高度统一的学科，人文素养和人文精神的培养是语文教学的一项重要任务。《普通高中语文课标准》（以下简称语文课标）指出："在语文学习过程中，培养爱国主义情感、社会主义道德品质，逐步形成积极的人生态度和正确的价值观,提高文化品位和审美情趣。认识中华文化的丰厚博大,吸收民族文化智慧。关心当代文化生活,尊重多样文化,汲取人类优秀文化的营养。"❶这段话对语文学科的人文教育目标提出了明确的要求。周敦颐说:"文所以载道。"❷韩愈说:"师者,传道授业解惑也。"这里的"道"其实指的就是人文素养或人文精神。要让学生有"道",教师必须做到自己有"道",即教师必须具备深厚的人文素养。语文教师的人文素养主要包括以下几个部分。

一、文化素养

当代语文教育家刘国正先生说:"语文老师的知识面也要宽一些,好的语文老师在知识的积累方面应该成为真正的杂家。"❸人文精神是整个人类文化所体现的最根本的精神,文化素养是人文精神的重要内涵,语文教师面对的是生活在现实文化背景下的诸多个体,要培养塑造这些个体的人文素养,语文教师就应具有更高的文化素养。语文是一门综合性和交叉性很强的学科,语文学科所涉及的知识更是包罗万象,如历史学、政治学、社会学、心理学、美学和哲学等,甚至自然科学的一些知识,语文学科也有所关涉。如果语文教师没有广博的学识,没有深厚的文化积累,就很难驾驭语文教学,就很难成为一名优秀的语文教师。文化素养是一种根植于人的内心的修养,它需要丰富的文化知识积淀,需要通过反省与觉悟把文化知识内化为自己的修为和涵养。

---

❶ 中华人民共和国教育部.普通高中语文课程标准(2017年版2020年修订)[S].北京:人民教育出版社,2020:4.
❷ 周敦颐.通书·文辞[M].上海:上海古籍出版社,2023:5.
❸ 刘国正.实和活:刘国正语文教育论集[M].北京:人民教育出版社,2021:12.

二、道德素养

语文教师需要具备符合中华传统美德和现代精神的个人道德修养。教师的职责是教书育人，为人师表，以身示范。如果没有足够的符合中华传统美德和现代精神的个人品质修养，就不能成为一名真正的语文教师，就得不到学生的尊重和认可。即使你的语文专业能力很强，因为学生不认可你，不佩服你，不愿意听你的课，无论你如何努力，都是上不好课的，也教不出好的成绩。这也可以从教学实践中得到印证。每个学校里都有这样的教师，学历很高，专业知识很丰富，但就是不出成绩，学生也不喜欢。相反，有些教师，专业水平并不突出，但学生很喜欢上他们的课，教学成绩也很好。之所以出现教学不理想的情况，很大原因就是教师的言行表现、个人素养方面出现了问题，只关注教书，而忽视了育人；没有在做人做事方面给学生做出表率，在学生心目中失去了师道尊严。教师的威望和尊严没有了，教师言行的权威性也就名存实亡，一个没有任何权威性的教师是无法教出好的学生的。教师高尚的道德素养还可以影响孩子的一生，帮助孩子树立正确的人生观和道德观，这本身既是一种道德教育，也是语文教育的重要任务。

三、大爱胸怀

语文教育是爱的教育。于漪老师说："语文教学中要以学生的发展为本，要春风化雨、润物无声、细水长流地进行人格教育。"所谓"亲其师，信其道"，教师对学生的爱既是取得学生信任的精神桥梁，也是构建良好师生关系的必备条件。老师爱学生，学生才能爱老师；学生爱老师，才会信任老师；学生信任老师，才会对老师教的课感兴趣，才会有学习的动力。教师爱学生首先要做到"胸中无学生"，即教师的爱应该是一种大爱，而不是偏爱，对每一个孩子都要公平对待，为每一个孩子的发展付出自己的爱心。教师爱学生更要做到"胸中有学生"，即教师教育教学的一切出发点都是为了学生，一切为了孩子的学业，一切为了孩子的成长，一切为了孩子的发展。教师的爱绝不该只表现在对学生学业成绩的关注上，而应该体现在对学生的生活、学习、心理健康、身体健康等所有方面。只有爱心才能唤起爱心，教师对学生的爱本就是一种爱的教育，教师的爱可以无声地浸润每个学生的心田，让每个孩子都充满爱心，从而爱老师、爱自己、爱亲人、爱同学、爱整个社会。只有让所有的孩子心中都充满爱，这个社会才会是一个充满爱的和谐社会。

第三节　过硬的专业素养

"师者，传道授业解惑也。"教师作为学生学习的传授者和引领者，没有足够的专业知识和能力的积累，是做不好一名教师的。"教师要给学生一杯水，自己必须有一桶水"，这是广大教育工作者在长期的教学实践中总结出的真理。语文是一门综合性学科，但它也是一门专业性极强的学科。没有扎实的汉语言文学功底，没有远超学生的专业知识储备，就不可能在教学中得心应手、驾轻就熟。语文教师的专业基本功主要是汉语言文学知识储备，它包括现代汉语、古代汉语、古今文学、汉语写作、教材教法、文学理论和评论等。任何一个模块出现短板，都将影响到教师的专业水平及其教学质量。

时下，教师招考政策越来越宽松，只要拿到相关专业的教师资格证，只要不超过一定的年龄限制，都可以参加教师招考，都有机会成为一名人民教师。于是，有很多非师范专业的学生通过教师招考方式进入了教育行业。很多人认为，相比自然科技类学科，语文学科的专业性要求较低，于是更多的非师范类学生报考了语文专业，其中有很多人顺利通过考试成为一名语文教师。应该说，这部分人在个人形象、表现力方面的素质还是不错的，这也是他们作为一名非师范类毕业生能够通过重重考验最终成为一名编制内语文教师的重要原因。但当他们真正进入教师行业从事语文教学工作后，这些人常常会出现两极分化的情况：从事小学语文教学工作的没有表现出明显的劣势，从事初中语文教学工作的有大约一半表现出专业素养不足的倾向，从事高中语文教学工作的大部分表现出专业上不能胜任的倾向。出现这种现象的原因很简单，低年级语文教学对于教师的专业素养要求相对偏低，高年级语文教学对于教师的专业素养要求较高。但随着更长期教学实践的检验，我们发现，不管是在低年级还是在高年级，那些语文专业素养偏低的教师会明显感到教学上后劲不足。

可见，一个语文教师的专业素养最终会影响其在教学上的成长。当然，专业素养不足的问题是可以通过后天的学习弥补的。事实上，很多最初学历偏低、专业素养不高的教师最终成了语文名师，这就得益于他们在语文专业知识方面不断地学习和进步。总之，一个语文教师的专业知识水平和专业素养决定着其未来教学水平发展的高度，没有充足的专业知识积累，是上不好语文课的，更不可能成为一名优秀的语文教师。

第四节　必需的教育科研素养

任何事物都是在不断否定、不断优化、不断改革和不断创新的过程中发展前进的。教育教学也是如此，每一次教育理念的更新、每一次教学模式的改进都促进了教育的发展。作为一名语文教师也应该与时俱进，勇于做语文教育教学改革创新的践行者。而要做好一名践行者，就必须具备一定的教育科研素养。

第一，语文教师要掌握当下先进的教育理论和教育理念。理论是行动的指南，没有先进的教育理论和教育理念做支撑，教学实践就会永远停留在陈旧落后的老套子里，就会把最灵动、最具活力和最具趣味性的语文课堂变得枯燥、单调。长此以往，教师疲倦、学生厌倦，课堂教学的魅力和效果荡然无存。同时，如果没有先进的教育理论和教育理念做指导，即使教师想教学改革与创新，因为缺少先进的理论和理念做支撑，缺少正确的方向，改革创新成功的概率也会大大降低。

第二，语文教师要掌握教育科研的基本方法。教育科研要求首先提出问题并确立课题。课题领域包括教学内容、教学手段、教学模式、课程设置、育人目标等各个方面。课题的来源应该是语文教学实践中普遍存在并且亟须解决的问题。课题确定后要查阅大量的资料，了解与课题相关的理论与实践，避免研究方向与前人重复。课题还要经过充分的思考与讨论，确定课题研究的对象、方式、可行性、价值及理论支撑等。上述问题确定后，还需要大量的教学实践去反复验证，在实践验证中不断发现问题、修改方案、再次验证、再次修改，直到形成满意的科研成果。如果不掌握这些教育科研的基本步骤和方法，教育科学研究就不科学、不规范，就经不住推敲，也就很难研究出有价值的成果。

第三，要有教育科研的自觉性。要树立"问题即课题"的意识，要有善于发现问题的眼光和头脑。教育科研并不神秘，更非高不可攀。只要我们在教学实践中多发现、多反思，就会发现处处是问题，处处是课题。但我们要有解决问题的欲望和自觉性，有解决问题的决心和恒心，这就是教育科研的自觉性。一旦拥有了这种自觉性和责任感，然后借助你扎实的理论储备以及所掌握的科研方法，就离令人信服的科研成果不远了。教育科研素养是一名语文教师应该必须具备的素养，因为它是教学改革与创新的必备条件，也是成为一名优秀教师的必要前提。

第五节　与时俱进的媒介素养

新语文课标提出，要探索信息化背景下教与学方式的转变，积极探索基于网络的教学改革，利用具有交互功能的网络学习空间，因材施教。教师作为教学的指导者，理应对当今时代的数字化媒介等工具保持敏锐的感知力，在培养个人媒介素养的同时，还应该加强教师职业层面的媒介素养，注重自身能力建设，树立终身学习观，持续性汲取新知识，提高对媒介素养的深层次理解，构建媒介与语文教育融合的发展体系，在语文教学中渗透媒介知识，提升学生的媒介素养。❶语文教学具有较强的综合性和灵活性，与媒介的联系更加密切，在媒介手段的应用上有更大的发挥空间。为此，语文教师应该与时俱进，具备必须的媒介素养，并有意识地培养学生的媒介素养，帮助学生形成正确的媒介观，让媒介成为促进学生身心健康发展以及提升语文教学效果的重要手段。

一、树立正确的媒介观

随着时代的发展，科技越来越进步，互联网、大数据等各种新兴技术迅速发展，网络直播、短视频、微信公众号等多种媒介已成为数字化时代的常见事物。各种网络媒介的发展，使国家、地区及人与人之间的交流越来越方便，世界变得越来越小。这既给人们及时了解各种信息提供了方便，也给人们在信息的辨别和消化吸收上带来了困难。特别是青年学生，求知欲、好奇心、个性意识、自我意识强，但身心不够成熟，对各种媒介信息缺乏足够的辨别能力，迷信、追风现象严重。在这种不良影响下，学生的

---

❶ 中华人民共和国教育部.普通高中语文课程标准（2017年版2020年修订）[S].北京：人民教育出版社，2020：4.

世界观、人生观、价值观会变得扭曲。这其实就是缺乏正确的媒介观的表现，为此语文教师要帮助学生树立正确的媒介观。而要帮助学生树立正确的媒介观，教师自身必须树立正确的媒介观。

一是教师对各种媒介信息要有敏锐的分析辨别能力，分清楚哪些是先进的，哪些是落后的；要弘扬正面的，抵制负面的。二是教师自身在使用各种自媒体发布信息时，要严格自律，要严谨、规范、得体；要弘扬正能量，拒绝负能量，给学生树立榜样。同时，语文教师要引导学生树立正确的媒介观，培养和训练学生辨别信息的能力，指导学生以健康向上的态度使用媒介发布信息，引导学生树立"净化网络环境，共建网络文明"的责任意识。

二、熟练掌握媒介技术

媒介不仅是信息传播与交流的载体，更是当下教学应用的先进手段。把媒介技术融入语文课堂教学，可以节约大量的备课时间和教学时间，大幅度提升课堂的容量，让教学变得更加直观、生动；可以创设更加和谐、积极的教学氛围，实现远程教学和交互式教学，更方便地实现教学资源共享和课堂重现。因此，语文教师应加强信息技术与媒介知识的理论学习，熟练掌握媒介的基本操作技能，充分利用媒介技术构建更加丰富多彩的语文课堂，提升语文课堂的效率和魅力。

一是要加强培训学习，掌握先进的媒介理论和各种媒介软件技术，在理论和技术方面为媒介手段服务课堂教学做好必要的储备。二是通过大量教学实践的锻炼，不断提升媒介技术与语文教学的整合能力，不断提升媒介手段的应用水平，发挥媒介手段对于提升语文教学的作用。

著名语言学家张志公先生说："语文是百科之母。"这里强调的是语文学科的基础性，语文学科的基础性决定了语文教师必须具备专业的语文基础素养。语文学科又是一门综合性和交叉性很强的学科，可以算作一门"杂学"。要教好一门"杂学"，要求语文教师必须"博学"，即除了必要的汉语言文学功底，对其他社会和自然学科知识也须有所涉猎。语文学科还是一门人文学科，它需要渗透情感、道德和价值观的教育，这就要求语文教师自身必须有深厚的情感、高尚的道德和正确的价值观念。当一名语文教师容易，但要当好一名语文教师却很难。没有深厚的语文素养，没有过硬的教学基本功，没有崇高的人文情怀，是当不好一名语文教师的。

第二章　如何创设积极的语文课堂教学氛围

第一节　积极教学氛围的特征和意义

课堂教学氛围是指在教学过程中通过师生互动交流所营造出来的一种相对稳定的包括情绪状态、教学秩序、思维活跃度、学生注意力等在内的情景状态。积极的课堂教学氛围，会让师生在课堂上精神焕发，思维活跃，灵感迸发；会让师生情感交融，心理共鸣，合作默契；会让师生达到最佳的情感、心理和思维状态，从而最大限度地激发师生潜能，高效地完成教和学的任务。

积极的课堂教学氛围一般具备如下特征：师生双方有饱满的热情，教与学态度端正、目标明确；课堂活动井然有序；学生求知欲强烈，注意力集中、思维活跃；师生间情感交流充分，学生参与面广，双方处于互动积极的状态；师生共同洋溢着因教学目标实现而获得的喜悦与满足感。

积极的课堂教学氛围，可以帮助建立融洽的师生关系，可以培养学生对学科学习的兴趣，可以提升学生的思维品质，可以极大提高教学的效率。语文学科是一门极具包容性、趣味性、情感性和人文性的学科，语文学科的这些特征为语文教师创设积极的课堂教学氛围提供了得天独厚的条件。语文教师应该充分利用这些条件创设积极的课堂教学氛围，提升语文课堂教学的质量和效益。

第二节　过硬的课堂驾驭能力和鲜明的教学风格

教师过硬的课堂驾驭能力和鲜明的教学风格是创设积极课堂教学氛围的必要条件。

一、过硬的课堂驾驭能力

大家都喜欢听相声，相声分逗哏和捧哏两种角色。现代语文教学教师和学生的角色有点儿像相声里的逗哏和捧哏。学生作为学习的主体，无疑相当于相声里的逗哏，是主角。教师作为教学的主导，有点儿像相声里的捧哏。一名优秀的捧哏，不管逗哏说什么，都能接得住，而且接得好，很多令人捧腹大笑的包袱都是靠捧哏在接话过程中展开的。在相声表演过程中，一般逗哏的话多，捧哏的话少，但正是因为少，捧哏的话才要精、要准，要捧到点子上。语文教师也是如此，作为课堂的主导者和引领者，对于课堂教学节奏、学生的学习过程和课堂言行，必须有精准的判断和把握，精准地引领和点拨，而且要选准时机，把学生引领到点子上。这看上去不难，其实做好不容易。这需要教师具备长期在教学实践中练就的过硬的课堂驾驭能力。有人问郭德纲，都说于谦捧得好，但到底好在哪里？郭德纲回答说，他会说相声，节奏好，能捧在点子上，这不是一般捧哏所能做到的。"节奏好，能捧在点子上"，看上去是很简单的一件事，但如果没有雄厚的相声专业基础，没有长期的舞台表演的磨练，没有一定的资质，是不可能做到的。相声的目的是让大家快乐，博大家开怀一笑，但如果不能创造良好的演员与观众默契、和谐的氛围，不能牢牢抓住观众的耳朵、眼睛和心理，就营造不出欢乐的氛围，就不能实现逗观众开心的目的。这需要演员扎实的相声功底和高超的现场把控的能力。同样，语文课堂教学的目的是让学生收获语文知识，提升语文能力，获得情感体验。但如果没有过硬的课堂驾驭能力，不能创造积极、专注、活跃、有序的课堂教学氛围，就很难达成教学目标。为此，语文教师必须具备过硬的课堂驾驭能力。

二、个性化的教学风格

教学风格是指教师的教育思想、教学方法和教学个性在教学实践过程中呈现出来的一种经常性、稳定性的表现方式。教学风格一般都带有明显的个性化色彩，其形成往往与教师的性别、年龄和性格等因素密切相关。例如，男性教师更容易形成豪迈奔放、热情洋溢的教学风格，女性教师更容易形成温婉尔雅、和风细雨的教学风格；年轻教师更容易形成开放民主、活泼灵动的教学风格，年老教师更容易形成严谨务实、沉稳厚重的教学风格；性格外向的人更容易形成张扬自信的教学风格，性格内敛的人更容易形成认真扎实的教学风格。教学风格的形成是教师教学艺术成熟的标志。

语文学科包容性的特点也更容易让语文教师形成个性化的教学风格，而个性化的教学风格有利于创设个性化的教学情景，有利于教师利用自己的长处营造更积极的教学氛围。例如，拥有严谨稳重型教学风格的教师，讲课条理清楚、结构严谨、论证严密，用严密的逻辑力量吸引学生的注意力，用理性控制课堂的教学过程。这样的教学风格容易创设安静、理性的课堂教学氛围，让学生的注意力保持高度集中，让学生的大脑保持理性和冷静，让学生的思维保持必要的紧张。这样的课堂或许不热闹，但一定很高效。

拥有和风细雨式教学风格的教师，讲课自然亲切，如春风化雨，朴实无华而又温暖体贴。这样的教学风格容易形成平等、和谐、温暖的课堂教学氛围，有利于形成良好的师生关系，有利于师生的互动交流，有利于激励学生学习的自觉性。学生在课堂上不仅收获了知识，还在情感上收获了温馨和愉悦。

拥有激情型教学风格的教师，上课情绪高涨，充满对知识的热爱和对学生的关爱。这样的教学风格容易创设积极热烈、激情张扬的教学氛围，便于让学生产生强烈的感情共鸣，能够充分调动学生学习的自主性和积极性，有利于激发学生的个性意识和自我展示的欲望。这样的课堂不仅能教授知识，还能提供情感教育，容易让学生通过情感的熏陶形成良好的情感观。

拥有风趣型教学风格的教师，讲课生动形象、幽默风趣，充满灵动的智慧。这样的教学风格容易形成宽松、和谐和快乐的课堂教学氛围。在这样的课堂上，学生容易放下各种包袱，轻松愉悦地投入学习中去。在这种轻松且无负担的状态下，学生学习的潜力和能动性更容易被激发和调动起来，更容易达成学习目标。此外，这种教学风格下的课堂教学，更容易培养学生对学科学习的兴趣，更容易建立和谐的师生关系，更容易提升学科教学的质量。

每个语文教师都有自己的个性特点，但并不代表着每个语文教师都有自己的教学风格。教学风格的形成是一个语文教师在长期教学实践中不断积累、选择和创造的结果。首先要学习和模仿，学习模仿那些优秀语文教师的优秀教学风格，然后结合自己的性格特点以及专业优势确定自己的发展方向，并在教学实践中不断验证、改进和完善。其次要融入自己的教学理念和教学方法，这样才能逐渐形成自己个性化的语文课堂教学风格。

第三节　构建融洽的师生关系

构建融洽的师生关系是创设积极课堂教学氛围的重要保证。影响课堂教学氛围的因素有很多，如教师、学生、教学内容、教学方法、教学手段及班风等。但起主要作用的因素是教师，教师能否与学生构建融洽的师生关系是能否创建积极教学氛围的关键。融洽的师生关系应该是一种爱生尊师、教学相长的关系，是一种平等、民主、亲密、和谐的关系。如何才能建立融洽的师生关系呢？

一、依靠教师的人格魅力建立融洽的师生关系

教师的职责不仅是"传道、授业、解惑"，还是以人格来培育人格、以灵魂来塑造灵魂。教师的人格力量是第一教育力量。俄罗斯教育家乌申斯基说过："在教育工作中，一切都应以教师的人格为依据，因为教育力量只能从人格的活的源泉中产生出来，任何规章制度、任何人为的机关，无论想得如何巧妙，都不能代替教育事业中教师人格的作用。"作为担负着汉语言文学教育、情感教育、人文教学和道德教育任务的语文教师，更应该具备人格魅力，依靠教师的人格魅力建立融洽的师生关系。教师的人格魅力要求教师必须具备高尚的人格，即高尚的道德、包容的精神、完美的形象和仁爱的胸怀。同时，作为一名专业技术工作者，教师的人格魅力还必须包括深厚的文化底蕴、完备的知识结构和扎实的教学基本功。教师要靠自己的"德"和"能"赢得学生的尊敬，赢得学生的崇拜。只有这样，才能让学生敬其师、信其道、承其志；也只有这样，才能建立更融洽的师生关系。

二、依靠适合的沟通方式构建融洽的师生关系

语文教育是人文教育，人文教育要求师生之间必须建立和谐的师生关系。要建立和谐的师生关系，语文教师必须学会与学生沟通，而且沟通要讲

究原则和方法。沟通的前提是民主，一味迷信"师道尊严"，居高临下的沟通只能拉远师生的距离。语文教师在与学生沟通的过程中要放下架子，摆正位置，要做学生的朋友、兄长、姐姐，而不是做学生的家长。只有在平等的氛围中沟通，师生才能彼此信任、敞开胸襟，才能触摸到彼此的灵魂，才能建立起彼此信任的亲密关系。语文教育是爱的教育，爱是沟通的催化剂。只有用爱心才能换来爱心，任何沟通只有建立在爱的初衷上，才会变得温暖而深入，变得畅快而谐和。为此，语文教师和学生沟通的出发点一定要放在对学生的关爱上，放在一切为了孩子的成长上。语文教师不仅要关爱学生的学业，还要关爱孩子的生活、心理、健康。要让学生在爱的沟通中感受到教师对自己的尊重、关注和期望。善于沟通不仅表现在与学生的沟通上，还体现在与学生家长的沟通上。不与家长沟通，教师就永远不可能了解孩子的全部，永远触摸不到孩子真正的内心世界；不与家长沟通，家长就体会不到教师对学生的关爱和期望，就不能激发家长配合教师共同促进孩子发展的欲望，就不能实现家校合作、共同育人的目标。

第四节　创造适合学生的教学情景

适合学生的教学情景是创设积极课堂教学氛围的助燃剂。

教学情景是指在课堂教学中，教师依据教学内容，围绕实现教学目标所设定的、适合学生并使其产生一定情感反应的学习环境。任何教学都发生在一定的教学情景中，适合学生的教学情景可以调动学生的情绪，吸引学生的注意力，激发学生的兴趣，从而有利于营造积极的课堂教学氛围。适合的教学情景是创设良好课堂教学氛围的助燃剂。如何才能创设适合的教学情景呢？

一、适合的教学情景创设必须关注教材和学生

教材的内容不同,创设的教学情景应该有所不同。这在语文教学方面尤其重要。譬如说我们学习《记念刘和珍君》和《为了忘却的记念》时,就应该创设崇敬、悲愤和有助于冷静思考的教学氛围。如果预设的是幽默风趣的教学情景,那就与教材的内容和教学的目的南辕北辙了。我们学习《沁园春·雪》和《沁园春·长沙》时,就需要创设朝气蓬勃、奋发向上的教学情景。如果预设成沉静、柔和的教学情景,那也不可能实现教学的目标。因此,教学情景的预设首先要与教学内容本身的情景和氛围相统一,这样才能让学生有一种身临其境的感觉,有一种融入文本的感觉,才能在这种情景的暗示和熏染中更好地完成学习目标。要想创设适合的教学情景,还必须对学生有充分的了解。只有在对学生充分了解的基础上,才能创建适合学生的教学情景。了解的内容包括学生的年龄、学业水平、认知程度、思维特点等。如果对学生的上述情况不了解,在资料展示、问题设计、学习活动方式选择、教学手段应用方面就会缺乏应有的针对性,创设的教学情境就不可能适合学生,就不能营造积极的教学氛围。

二、适合的教学情景创设需要合适的教学手段

适合的教学情景的创设可以借助合适的教学手段来实现。一是可以通过合适的教学设计来实现。例如,设置合适的导入语可以创造激情、好奇、质疑等各种教学情景;设置合适的结束语可以强化某种教学情景;设置各种学习活动可以创设合作、辩论、研讨的教学情景等。二是可以借助各种教学辅助手段创设适合的教学情景。例如,可以借助图片、文字、音频、视频和实物投影等,根据教学的需要创建不同的教学情景。

三、班风建设是创建积极课堂教学氛围的组织保障

有些时候，语文教师会说，愿意在某个班级上课，不愿意在某个班级上课。之所以出现这种现象，其实是因为每个班级的班风不同。教师更愿意在班风好的班级上课，而不愿意在班风差的班级上课。因为班风好的班级更容易形成积极的课堂教学氛围，教学效果也更好，反之亦然。

班风是一个班级的精神面貌，是一个班级所有成员经过长期磨合，经过教育和训练形成的在行为、言论、习惯、情绪及道德等方面集中表现出来的占主导地位的稳定倾向。班风一旦形成便会成为一种强大而又无形的力量约束和影响班级中每个成员。良好的班风是一种巨大的教育力量，潜移默化地熏染每一个成员。良好的班风对于创建积极的语文课堂教学氛围有重大作用。为此，要加强班风建设，为创设积极的课堂教学氛围做好组织上的保障。

（一）加强班风建设，培养学生的合作意识和团队意识

一个具有强烈的合作意识和团队意识的班级更容易形成积极的教学氛围。在具体的语文课堂教学实践中，很多学习活动需要小组合作。小组合作的效率和效果在很大程度取决于这个小组所有成员的合作意识和团队意识。只有合作意识和团队意识强了，小组成员才会有强烈的合作欲望，才会有展示自我的冲动，才会有充分交流的热情，才会为了团队的荣誉而努力提升合作的质量。当每一个小组成员都具备这样的意识和行为的时候，整个班级积极的学习氛围也就形成了。为此，语文教师在日常的课堂教学实践中要有意识地培养并通过评价激励学生的合作意识和团队意识，既要重视学习活动的终结性评价，又要重视学习活动的过程性评价；既要重视对合作团队的评价，又要重视对个人的评价。要让那些整体表现突出的团队和

在团队合作中起到积极作用的人得到充分的肯定和激励，要靠科学和公正的评价提升整个班级的合作意识和团队意识，从而创设更加积极的课堂教学氛围。

（二）加强班风建设，培养学生的个性意识和自我表现意识

积极的课堂教学氛围与班级的学生个性意识和自我表现意识密切相关。我们在上公开课和比赛课的时候，最担心的就是所授课班级的学生不喜欢发言，不愿意展示自己，从而导致课堂教学氛围沉闷，最终影响课堂的效果，以及听课者或评委对课堂教学成果的整体评价。学生不喜欢发言，其实是学生缺乏个性意识和自我表现意识的表现。如果个别学生存在这样的问题，那可能是个别学生的个性使然。如果整个班级的学生都呈现出这样的特点，那就是班风存在问题。班风问题依然需要班风建设来解决。为此，语文教师在日常教学实践中应该通过班风建设逐渐培养学生的个性意识和自我表现意识。如果你是一名班主任，那么可以经常组织才艺表演、朗诵会、演讲比赛等活动，为更多的学生创造展示自己的舞台，通过各种展示活动锻炼和培养他们的个性意识和自我表现意识。如果你只是一名语文教师，你依然可以通过组织各种与学科教学有关的活动来培养和锻炼学生的表现欲望和表现能力。例如，经常组织课文朗诵比赛、话剧表演、手抄报展示、读书笔记展示等活动，甚至可以让学生当"小老师"，部分代替教师讲课。学生登台的机会多了，尝到成功的喜悦了，表现的欲望也就增多了，个性意识和自我表现意识也就增强了，积极的课堂教学氛围也就自然形成了。

班风建设还能为创建积极课堂教学氛围提供更多的支持，如通过班风建设培养学生的学习自觉性、思维创新性、听课秩序性等。所有这些都有利于形成学生良好的学习品质，有利于创设积极的课堂教学氛围。班风建设不只是学校和班主任的事，也是每一个学科教师义不容辞的责任。

第五节　学生是创建积极课堂教学氛围的重要资源

课堂既是教师教学的舞台，更是学生学习的舞台。充分尊重学生的主体学习地位，为学生创造更多自主学习的时间和空间，为学生打造更多展示自我的舞台，可以有效活跃课堂的氛围，提高教学的效果。可以说，学生是创建积极课堂教学氛围的重要资源。时下很多语文教师在上课的时候，总担心学生不能很好地回答教师提出的问题，总担心学生不能很好地完成自己布置的学习任务，总担心学生展示的学习成果不能实现自己的教学意图，甚至打乱自己的教学思路，因此只要有点难度的问题都不敢放手交给学生，提出的问题都是一些简单且没有难度的问题。学生一答，教师一收，就算有了师生交流互动，就算完成任务了。这种课堂教学模式本质上还是传统的灌输式的教学模式，不能培养学生的思维能力和思维品质，不能培养学生的语文核心素养，更不能培养学生的创新精神和个性意识。同时，这样的课堂教学氛围是单调的、乏味的，是没有激情和生命力的。只有充分相信学生、尊重学生，充分发挥学生的学习自主能动性，为学生创设充分展示自我的舞台，课堂才会充满朝气，充满激情，才会带来意想不到的惊喜，才会让课堂的氛围变得更加积极和灵动。那么，该如何让学生成为创建积极课堂教学氛围的重要资源呢？

一、充分尊重学生的自主学习地位

语文课堂教学质量高低的标准不该看教师讲了什么，讲得精彩不精彩，而该看学生收获了什么，是通过什么样的方式收获的。收获过程中，知识是否转化成了能力，思维品质、合作精神、个性品质和创新意识是否得到了提升。要实现上述目的，就必须尊重学生课堂学习的主体地位。要让学生充分预习,在预习过程中锻炼学生的自主学习能力、发现问题和独立解决问题的能力;要让学生充分讨论,在讨论中学会展示、学会交流、学会合作、学会辩论、学会总结;要引导学生学会并擅长思考,学会思考的方法,锻炼思维的品质,提升思维的能力。只有充分尊重学生的主体学习地位,让学生在自主学习中感悟、思考、总结、反思,课堂才会有深度、有质量、有灵魂,课堂才会形成积极的氛围。这样的课堂才能真正培养学生的学科思想,提升学生的学科核心素养,实现语文教学的根本任务。

二、要给学生创造充分展示自我的舞台

作为小青年,每个学生都渴望得到认可和尊重,渴望把自己的优点和成就展示给老师和同学。为此,教师要以宽容的胸怀相信学生、尊重学生,为学生创设充分展示自我的平台。学生的展示也可能不够精彩,但那毕竟是学生自主学习的成果,是学习劳动所得。展示的过程也是训练学生自我表达能力的过程、培养学生自信心的过程。学生展示后,结合师生的评价,不断修改完善自己的成果,然后内化为自己的知识和能力,这种获得知识和能力的方式远比从单纯听老师的讲授要深刻得多,效果也要好得多。用这样的方式获得的知识和能力会更扎实地印在学生的脑海里。学生的展示也可能超乎我们的想象,精彩绝伦。每个人的思维方式不同,对问题的关注角度不同,所得到的结论往往也不同。但正是那些看似另类却又合情合理的结论,才会让我们耳目一新,让我们大开眼界,让我们佩服。当学生有一个独特的、精彩的结论的时候,它所起到的作用可能超出我们教师的想象。学生佩服教师很正常,因为教师本身就应该是榜样。但当学生佩服学生的时候,其佩服对象在自己心灵中所产生的震撼会远远超过对教师的佩服。学生会不自觉地去借鉴、去模仿,而这种借鉴和模仿对于激发学生

的学科学习兴趣、激励创新精神、提高思维深度和广度有极其重要的作用。给学生创造充分展示自我的舞台，让学生做课堂学习的主角，是让学生成为创建积极课堂教学氛围资源的重要方式。

创建积极的语文课堂教学氛围是语文课堂高效的必由之路，也是提升课堂温度，让学生在温暖和谐、快乐中收获知识和能力的重要途径。创设积极的课堂教学氛围可以提升学生课堂学习的效率，提高学生课堂学习的幸福指数，培养学生学科学习的兴趣。但这需要教师丰富的专业知识、扎实的课堂驾驭能力、鲜明的教学风格和高超的教学艺术做后盾，需要教师在长期的教学实践中不断学习、摸索、积累和创造。

参考文献

[1]　乌申斯基. 人是教育的对象 [M]. 北京：人民教育出版社，2007.

第三章 语文课堂教学的继承与创新

第一节 继承与创新的关系

继承与创新是一对辩证关系，继承是创新的基础，创新是对继承的发展。只有继承没有创新，事物就会停滞不前，就不会有进步。而离开了继承空谈创新，这创新就成了无源之水、无本之木。由于缺少了根基，缺少了支撑，创新也就成了空中楼阁，失去了持续发展的原动力。语文课堂教学创新也是如此，如果没有对传统教学优良元素的继承，就会失去赖以生长的土壤，失去必须的支撑，创新当然也不会成功。继承的过程是一个"取其精华、去其糟粕"的过程，是一个筛选、浓缩和提炼的过程；创新的过程是一个继承和实践的过程，是一个不断探索和升华的过程。作为语文课堂教学，哪些是应该继承的？哪些应该是舍弃的？创新又该从何入手，如何保证创新的价值呢？

第二节 传统语文课堂中的弊端

传统语文课堂虽然具有几千年的历史传承，但由于受到时代的局限和习惯的制约，存在一些弊端。

一、教育理念落后

一是教学观念落后。对当下先进的教育思想和教学模式缺少了解，闭门造车，因循守旧。缺乏先进教学观念的语文课堂循规蹈矩、按部就班，没有活力和张力，激发不了学生的兴趣，课堂氛围沉闷，教学效果不好。

二是培养目标不明确。传统的语文课堂教学往往没有先进的教育理念做支撑，对于"为谁培养人、培养什么人、怎样培养人"的根本问题缺乏深度的思考和正确的认识。只注重知识的传授，而忽略了对学生情感、态度和价值观的培养。这样培养出来的人往往缺少家国情怀，缺少适应社会的能力，不能胜任德智体美劳全面发展的社会主义建设者和接班人的使命。

二、教学方式、教学手段单一

传统的语文课堂教学侧重教师的讲授，不注重师生互动、生生互动，不能根据学情灵活调整自己的教学目标和教学模式。在单一的教学模式中，教师成了课堂的主宰者。学生只能被动地获取知识，学生自身的诉求、自身的疑问、自身的见解被忽视，不利于学生的个性化发展，不利于学生思维品质的提升，不利于学生创新精神的培养。在这种教学模式下，学生的学习主体地位丧失，自我价值的实现受到约束，学生在学习中找不到学习的快乐。在教学手段的使用上，传统的语文课堂教学往往手段单一，课堂组织形式单一，学生学习方式单一。教师不能根据不同的教学内容和教学目标选择恰当的课堂组织形式，不能给学生创造合作交流和展示自我的时间、空间。学生个性发展受到压抑，学习动力逐渐下降。同时，教师不善于借助其他教学辅助手段，不能有效地增加课堂的容量和提升课堂的效率。

传统语文课堂教学的弊端还有很多，如缺乏民主作风、缺少对学生个体的尊重、不注重因材施教、不注重对学生的多元评价等。我们只有认清了这些危害，在教学实践中克服这些弊端，才能避免重蹈覆辙，保证我们的语文课堂教学随着时代的进步不断发展。虽然传统语文课堂教学存在一些弊端，但也有很多值得我们继承和发扬的优良传统。

第三节 传统语文课堂的优良传统

传统语文教学的理念和模式是几千年语文教学实践经验的积淀，对于其中依然先进的东西，我们需要挖掘、继承并不断改进。

一、传统语文课堂重视知识的积累

传统语文课堂教学重视语文知识的积累。在传统语文课堂教学中，往往把知识的积累放在课堂教学的第一位。例如，在新课文教学时，生字、生词的书写和记忆，文学、文化常识的落实等，往往是传统语文课堂教学首先要完成的任务；在古诗歌教学时，朗读和背诵往往是传统语文课堂教学最重视的环节；在文言文教学中，文言文实词、虚词的理解与掌握，句式的分析，课文的逐词、逐句翻译，往往是传统语文课堂教学的核心；在不同文体的教学中，散文的表现手法，小说的人物塑造方法，说明文的说明方法和说明顺序，议论文的论点、论据、论证方法等，往往是传统语文课堂教学的重点。现代语文课堂教学也会关注知识的积累，但常常没有传统语文课堂教学抠得细、落得实。知识的积累是能力培养和思维训练的基础，这个基础的厚度也决定了后者的深度和广度。因此，在知识积累方面，现代语文课堂教学还应该继承传统语文课堂教学抓基础、抓落实的优良传统，为学生语文综合能力的培养奠定坚实的基础。

二、传统语文课堂重视诵读

现代语文课堂教学可供选择的教学模式更多，教学手段、教学资料更丰富，但这也让很多语文教师眼花缭乱、无所适从，甚至一味追求形式的新颖而忽略了语文教学的本质。一个很重要的表现就是教师在上课时急功近利，急于把自己准备好的内容呈现给学生，而没有给学生留出足够的时间充分诵读文本、感悟文本。而传统语文课堂教学在这方面做得要好得多，在传统语文课堂教学中，教师会给学生留出大量的时间诵读，而且更注重对学生诵读方法的指导，更注重检查背诵效果。

诵读的好处：诵读的过程实际上是学生倾听自己声音的过程，反复诵读可以让学生不断纠正自己的读音，提升自己的诵读水平；诵读的过程也是学生不断克服文字障碍的过程，反复诵读可以让学生认识、牢记更多的字、词；诵读是展示自我的一种行为，长时间的诵读可以提升学生的自信，增强学生的语言表达能力和表现水平；诵读的过程是对文本感知的过程，也是与作者对话的过程，反复诵读可以加深学生对文本的理解、对作者写作目的的理解，便于学生对文本进行深度解读和探究；诵读的过程还是一个情感熏陶的过程，反复诵读可以让学生直接地感受文本中的思想情感，提升学生的情感审美能力；诵读还是一个直接感受文本语言特色和文章风格的过程，反复诵读，长时间的诵读，学生会在耳濡目染中提升自己的文字表达能力和写作水平；诵读不仅是一种脑力劳动，也是一种体力劳动，可以锻炼学生的肺活量，开发学生的右脑；诵读是出声的，是充满感情的，可以调动学生的注意力，使学生精神焕发，活跃课堂氛围。

诵读的好处和作用远不止这些，诵读作为传统语文教学重要特征的优良传统绝对不能丢。现代语文课堂教学需要做的是不断优化诵读的模式，提升诵读的质量，让诵读这一宝贵的语文教学传统不断发扬光大。

三、传统语文课堂重视批注

批注是古人常用的一种读书方法，是指阅读时对文章进行批评和注解的文字，从内容、写法、结构和语言等方面把读书感想、疑难问题，随手批写在书中的空白地方。历史上脂砚斋、王希廉点评《红楼梦》，金圣叹、李卓吾点评《水浒传》，毛纶、毛宗岗点评《三国演义》，黄周星点评《西游记》，都是以批注的方式阅读名著的典范。在传统语文教学过程中，教师也大都喜欢以批注的方式进行备课，而且引领学生在课堂上以批注的方式阅读课文。批注式读书的好处有很多。

第一，批注是在课文空白处进行的，可以针对文章的某些内容直接批注，不必抄写被批注的内容；批注就在课文空白处，阅读课文时就可以看到，不必再翻阅笔记本，这样就节省了学习和复习的时间。

第二，课文空白处能够批注的空间有限，这样就逼迫学生用最简洁的语言来表达自己的想法，时间久了，就会让学生形成简洁、明快的文风。

第三，批注是学生自己对课文相关内容、语句、词语及情感思想等的感悟和点评，能培养学生独立思考、深度思考的品质，能够培养学生的个性意识和创新精神。

第四，批注式读书属于精读的范畴，养成批注式的读书习惯，能够极大地提升学生的阅读能力、阅读品质和阅读效益。

第五，批注式读书方式带有很大的灵活性和自由性，便于学生根据自己的认知个性化地解读文本，能够提升学生读书的兴趣。

但如今，由于网络技术的发展和多媒体手段的应用，教师备课更加方便，可以采用的选择也更多，很少再有教师采用批注课文的方式进行备课，教师对批注式的读书方式也渐渐生疏起来，也就很难引领学生采用批注式方法进行阅读。批注式的读书方式对于提升学生阅读品质、阅读效益的作用也就很难发挥出来了。

四、重视文章框架结构的分析

传统的语文课堂教学在上课伊始，往往先让同学阅读课文，给课文划分段落，然后概括段落大意。这也是在很长一段时间内现代语文教学所非议的。非议认为，传统语文课堂教学包含三个内容：段落大意、中心思想和写作特点。这个非议是有一定道理的，因为传统语文课堂的教学内容过于单一，不注重对文章语言的品味与赏析，不注重学生对文章的个性化思考与解读。基于此，现在的一些语文教师，不屑让学生给文章划分段落以及概括段落大意，认为那是一种过时的、落后的教学模式。殊不知，我们应该质疑的是传统语文课堂教学内容的单调和不够丰富，而不是教学内容本身。不能因为反对教学内容的单调而完全否定其设定的教学内容。如果不让学生给文章划分段落，那学生如何明白课文的结构层次，如何明白作者的写作思路。具体到小说中，小说的发生、发展、高潮和结局如何界定，小说故事情节的线索如何把握；具体到散文中，散文的"神"是什么，散文的"形"又是什么，又是如何通过有序的材料组织让散文做到形散神聚的；具体到议论文，论点在哪里？论据是什么？论证的过程和顺序又是怎样的，其间又有什么样的逻辑关系；具体到说明文，说明的顺序是怎样的，为什么采取这样的顺序；具体到诗歌，哪些是写景，哪些是抒情，写景和抒情的顺序是怎样的，为什么这样安排……如果学生不能给文章分段，不能把握文章的结构层次,那么上述问题就都难以解决。学生只有明确了文章的结构层次,才能更容易地整体把握文章的内容,才能更容易、更准确地把握文章的情感、思想和主题。所以,重视文章框架结构的分析是传统语文课堂教学的宝贵遗产,我们应该传承下去,而不是丢弃。

第四节 语文课堂教学的创新策略

传统语文课堂教学在教学内容、教学形式、教学手段等方面为我们积累了很多宝贵的经验,值得我们借鉴并传承下去。但一味地传承,一味地吃祖宗的遗产,语文课堂教学就会停滞不前,就不会有进步和发展,更何况传统语文课堂教学中还有很多落后的、不适应现代教育理念和教育现状的地方。要推进语文课堂教学的发展,就必须不断地改革和创新。那么在课堂创新方面应该避免哪些误区和采取哪些策略呢?

一、积累和传承是语文课堂教学创新的基础和动力

创新是以现有的思维模式为基础,以提出异于常规或常人思路的见解为导向,改进或创造新的事物,并能获得一定效果的行为。语文课堂教学创新也是如此。语文课堂教学创新是以教师现有的思维习惯和思维模式为基础,以提出不同于他人的教学理念、教学模式和教学手段等为导向,改进和创造新的教学理念、教学模式和教学手段等,并在教学实践过程中实现提升语文课堂教学效果的行为。

要想创新,就必须先知道哪些是旧的,哪些是新的。在不知道当下有哪些先进教学理念、教学模式和教学手段等时,所谓的创新可能就是在走别人已经走过的路,而且还不一定比别人走得好。为此,要想创新,必须

加强理论学习，广泛了解当下语文课堂教学的现状，为创新做好理论和知识上的积累，这样创新才会有针对性，才有可能取得成功。另外，还必须做好教学实践的积累。创新的目的不是为了使教学形式更花哨，而是为了提升课堂教学的效益。没有充足的教学实践，就不知道哪些教学理念、哪些教学模式、哪些教学手段是先进的，哪些是落伍的、哪些是需要改进的，创新也就失去了明确的方向。如果一个刚刚参加工作不多久的教师，没有教育理论和教学实践的积累，就大谈创新，大搞创新，我们只能说他是在"瞎胡闹"。因为创新针对的是旧的事物，当还不知道旧的事物是什么的时候，不知道旧的事物过时不过时、好用不好用的时候，不知道旧的事物的弊端到底在哪里的时候，创新就失去了根基、目标和原动力，也就变成了一句空话。创新是在传承上的创新，是一个通过教学实践的检验后，不断对传承进行怀疑、否定、改进和创造的过程。没有传承的积累，没有根基，没有方向，创新就失去了意义。

二、创新要从"大处着眼，小处入手"

所谓"从大处着眼"，就是眼界要高，要宽，要远。首先，要了解语文学科新课标实施的大背景，吃透新课标下语文学科核心素养的真正含义，明确语文学科的育人目标。其次，要了解当下语文课堂教学创新的方向和意义，明确为什么创新，创新的目的是什么，当下有哪些比较知名的并且取得一定效果的创新案例，以及这些案例成功的原因是什么。最后，要清楚为什么要创新，创新的根据和目的是什么，成功的概率有多大，成功之后的效益怎么样。眼界高了，起步才能高；起步高了，改革和创新才能顺应语文课堂创新的大方向，避免创新走向弯路，实现创新的真正意义。

所谓从"小处入手",就是要关注语文课堂教学的细节,从细节入手,发现每个细节中存在的问题,思考优化细节的办法。语文课堂教学改革切忌好高骛远,切忌全盘否定传统语文课堂教学而妄想通过"另起炉灶"的方式创造一套崭新的课堂教学理念和模式。语文课堂教学可以关注的细节有很多,如在教学的流程设置方面,可以关注的细节有如何制定学案,如何组织预习,如何确定重点和难点,如何导入,如何组织学生阅读,如何设置问题,如何组织课堂活动,如何对活动过程引领、指导和点拨,如何评价,如何组织课堂反馈,如何拓展延伸,如何组织结束语,如何布置作业等。很多细节还可以继续划分。例如,写作指导,从文体上讲,可以分为记叙文、议论文、散文、应用文写作指导等;议论文写作指导,又可以分为如何准确确定观点、如何组织论据、如何确定议论顺序、如何使用论证方法、如何安排文章的起承转合等;从议论文确定观点上分,又可以分为如何在题目中表明观点、如何在开头结尾紧扣观点、如何在段落中照应观点等。越是从细节入手,就越容易找到事物的根源;越从根源入手,就越容易接近事物的本质;只有接近并了解了事物的本质,才能对事物进行准确的评判。当发现事物的本质存在问题的时候,我们改革、改进的目标也就确定了。目标确定以后,我们才能通过深度思考和教学实践的反复实验,提出一种更先进的解决问题的方式。这才是语文课堂教学创新的必由之路。

三、创新要具备怀疑精神和求异意识

没有大胆的质疑精神,不敢挑战传统和权威,一味地继承和认同,只能沦为语文课堂教学的奴隶。伽利略挑战了亚里士多德的"不同重量的物体,从高处下降的速度与重量成正比"的理论,通过比萨塔"两个铁球"同时落地的实验,证明了"如果空气阻力相同,不同轻重的物体从同一高处下落，到达地面的时间相同"的真理；袁隆平通过大胆质疑和大量的科学实验推翻了传统育种理论"无性杂交"学说，成功培养出了高产的杂交水稻，为世界和人类解决粮食危机这一难题做出了巨大贡献。因此，敢于质疑是创新的前提，也是创新的最大动力。

大部分的语文教师习惯继承。他们认为，大家都在做的事情，总不会有什么问题，实际上这是一种迷信思想。盲目认同、盲目继承，是创新最大的障碍。创新必须从质疑开始，没有质疑精神，就不会对眼前存在的事物进行深度的个性化思考，就不会做出理性、科学的评判，就不会发现其中的弊端。发现不了弊端，就没有否定和改进的欲望，也就失去了创新的动力。其实，怀疑本身也是一种求异思维。任何事物不一定只有一个答案，只有一种处理方式。如果我们对一个问题的既定处理方式感到困惑、持怀疑态度，那我们为什么不能试着探讨一种更理想的处理方式呢？为什么不去找寻一种不同于既定结论的更科学的答案呢？这就是创新需要的求异思维。在语文课堂学科教学中，这种求异思维尤其重要。

在以往的传统语文教学中，对于那些传统的篇目，往往有传统的规定和理解，但也往往由于受到时代和背景的局限，带有一定的片面性。要探索课文原本的价值和内涵，还需要从文本本身出发。

例如，对莫泊桑的小说《项链》主题的探究。一般认为，小说的主题是讽刺资本主义社会小资产阶级的虚荣心理和追求物质享乐的思想。这个说法有一定的道理，但也有值得商榷的地方。首先，马蒂尔德出身工薪阶层，她没有嫁妆，没有遗产；丈夫也是工薪阶层，是一个教育部的小职员，薪水不足以维持家庭开支，还需要做些抄写类的零工贴补家用；而自己应该是个家庭主妇，没有工作，没有收入，她的家庭勉强可以算作小资产阶级，但绝不是小资产阶级的代表。其次，虚荣心也并不是资本主义社会所特有的，它存在于各种社会意识形态中，即使在今天我们所生活的社会里，虚荣心在很多人身上依然存在。小说对马蒂尔德也并不都是批判，甚至马蒂尔德的虚荣心也有可以原谅的地方。她漂亮、聪敏，充满灵性，嫁给一个家境不好的小职员，着实有些委屈，向往更美好的生活，希望穿戴得更漂亮些，希望接触上层社会的圈子，也无可非议。她对丈夫的要求也不算太过分，并未超过丈夫的能力范围。况且，她在丢失项链后，首先想到的是偿还，而不是赖账。为了还债，她历尽千辛万苦，付出了十年的青春，这是一种多么宝贵的精神。假如她没有丢失项链，假如她早知道丢掉的那条项链是假的，悲剧可能就不会发生，所以悲剧的发生与她的虚荣心并无必然的因果关系。从上述角度分析，把《项链》的主题定义为讽刺了资本主义社会小资产阶级的虚荣心理和追求物质享乐的思想，并不是特别准确。作者在小说中也说"极小的一件事可以成全你，也可以败坏你"。作为小说的主题，"人生无常，命运多舛"似乎更客观些，最起码这算是对小说主题的一种解读方式。如果没有求异的意识，一味迷信既定的结论，我们就不可能对文本进行更深入的思考，就不可能提出创新性的见解。这种求异的意识，不应只体现在对课文的解读上，而应体现在语文课堂教学内容和教学环节的全部上。

四、课堂教学创新需要课题意识

任何的教学改革和创新都不是一蹴而就的，它需要经过充分的调查发现、周密的思考论证和反复的实践检验。教学创新的过程其实就是一个课题研究的过程。首先，要确定创新研究的方向，要通过大量的教学实践和教学调查发现问题，然后对这些问题进行归纳梳理，确定核心问题，围绕核心问题收集相关的国内外资料，广泛了解这一问题研究的现状，然后结合研究现状确定自己对核心问题的研究方向，并思考研究的目的、意义，提出假设，预设效果。其次，要确定研究的方法、研究的模式、理论及技术支撑，之后要通过大量的教学实践对预设的理论及模式进行反复实验，根据实验情况进行反复修改，最终形成比较完善的理论体系、教学策略和教学模式。最后，把已经形成的理论体系、教学策略和教学模式在一定的范围内进行推广，并验证其效果。没有经过严格论证和反复实践验证的改革和创新，都是虚假的改革和创新，经不住长期的教学实践的检验，不会有持久的生命力。课堂教学创新必须树立课题意识，不仅是对改革与创新的具体要求，也是避免改革与创新不走弯路、错路的有效途径。

五、创新要相信并充分依靠学生

学生是课堂学习的主体，一切的改革与创新都不能剥夺学生的学习主体地位；不但不能剥夺，还应该更加尊重和彰显。语文课堂教学创新的最终目标应该是给予学生更多的自主学习时间和空间，优化学生的学习方式，提升学生的学习效果，最终提升学生的语文学业水平。在这点上很多著名的教育前辈为我们做出了榜样。著名的语文教育家、全国优秀班主任魏书生曾经介绍过他在我国台湾地区给学生上过的一节课，这节课最大的亮点就是教师的"懒"。

魏老师一上课就开始问：

"我也不知道咱们台湾的学生语文课怎么上，同学们能告诉我你们怎么上课吗？"

学生回答："先要介绍作者。"

"还要干什么呀？"

"要介绍背景。"

"还要干什么呀？"

"扫清生字词。"

"还要干什么呀？"

"熟读背诵。"

"还要干什么呀？"

"还要会翻译。"

"还有吗？"

"回答课后习题。"

当明确了学生的学习任务后，他让全班写字最好的学生把上面要做的事一件件写到黑板上。然后又问：

"第一件事该做什么？"

"该介绍作者。"

"谁来介绍？"

"老师。"

"老师不干这个事，都在课本上，自己看，看会了就说。我专找不会的说，谁不会老师能看出来。"……

"看完了吗？有不会的吗？"

"没有。"

"那大家七嘴八舌地说说。"

……

"下面该做什么事了？"

"介绍背景。"

"谁来介绍？"

"我们自己看书。"

……

整个一节课魏教师几乎没讲授一点知识，学习任务都是靠学生自己完成的，而且最终所有的学生都完成了最困难的翻译和背诵任务。这样的课堂你能说是低效的吗？这样的课堂难道不是创新吗？这样的课堂看似很简单，其实是教师靠自己高超的课堂驾驭和组织能力，让学生充分发挥自己的自学能力，并最终圆满地完成了学习任务。当然，魏书生老师这节课针对的是低年级的学生，学习任务相对简单。但这也给我们带来了一些启示，那就是在课堂上，我们要充分相信学生，充分依靠学生，这样才能最大限度地激发学生学习的动力。在语文课堂的教学过程中，教师要做导演而不是演员，要甘于退居幕后，要把学习的舞台让给学生，要让学生在课堂的舞台上充分展示自我，找到课堂主人的感觉。只有这样，我们的语文课堂才会充满活力，这样的课堂才会彰显改革和创新精神。

六、创新需要平台

任何课堂教学创新都需要平台的保障。

一是要有课堂教学创新的激励机制。教育教研部门和学校要有激励教学创新的机制，要靠这种机制激励广大教师特别是年轻教师进行教育改革和创新，为那些富有创新精神的教师创造施展才华的舞台，让课堂教学创新成为教育阵地上的一道亮丽的风景线。

二是要建立容错纠错机制。任何教学改革和创新都可能面临失败，不能单纯地以成败论英雄，要给那些善于并勇于创新的教师犯错纠错的机会。所有的成功都是从不断的失败和探索中来的，如果怕失败，那干脆就不要改革与创新。很多时候，从失败中得出的教训本身就是走向成功的一种积累和动力。

三是要有物质平台的保障。教师要改革、要创新，要进行大量的教育调查，要查阅大量免费和收费的资料，要购买必要的书籍和软件，有时候还需要进行必要的外出考察。这些都需要一定的经费做支撑，单靠教师自费是不现实的。相关部门和学校应该给予必要的经费支持。

四是需要技术支持。很多教学创新都需要一定的技术支撑，如翻转课堂、交互式在线课堂、多媒体、微课程等。如果没有相应的软件和硬件支持，没有相应的技术培训做支撑，这个领域的课堂改革和创新将无法实施。

语文课堂教学需要继承传统，更需要改革和创新。只有在充分理解并选择继承优良传统的基础上，不断地更新教学理念，不断地探索并实践语文课堂教学的新策略、新模式，我们的语文课堂才会更精彩、更高效，才会在创新中不断地向前发展。

第四章　语文课堂的预设与生成

第一节　预设与生成现状

　　课堂预设是指教师按照教学计划对教学目标、教学内容、教学手段和教学效果等进行理性、清晰的设计，对课堂中可能产生的变数和走向进行预测思考。课堂生成是相对课堂预设而言的，是指伴随着教学过程而产生的各种现象和情景。这些现象和情景有些是可以预料的，有些是不可以预料的，但它们都是教学资源的重要组成部分。课堂预设与课堂生成是一种辩证的关系，恰当的课堂预设会带来有效的课堂生成，不恰当的课堂预设会带来低效甚至负面的课堂生成。课堂教学因预设而有序，因生成而精彩。

　　在现实的语文课堂教学实践过程中，还存在对课堂的预设与生成理解不到位、处理不恰当的地方，主要表现在以下几个方面。

　　一是课堂的预设太多，每一个教学的环节都设置得很细。课堂上学生完全按照教师预先设置的思路和步骤走，课堂生成少而浅，课堂气氛平淡，学生的思维与情感活跃不起来，课堂缺少亮点。

　　二是课堂预设太笼统，对教学过程的把控不到位，导致课堂生成无效或效果不理想，甚至偏离教学目标，降低了教学的效率和效果。

　　三是教师不能够为学生创设合适的教学情境，为教学生成创造良好的氛围。

四是对于课堂生成缺乏理性的判断，做不到收放自如，在低质量的课堂生成上浪费了太多时间，而对高质量的课堂生成重视不够，引导、推进、深化不到位。

如何才能恰当地把握课堂预设与生成的关系？如何做好课堂预设？如何把握课堂生成？

第二节　预设与生成相辅相成

好的课堂都是在预设和生成的共同作用下产生的。课堂预设是课堂有序进行的保障，课堂生成是课堂预设的成果和对课堂预设的超越。预设要为学生留出足够的空间和时间。只有给学生留出足够的时间和空间，才会让学生有精力去感知和解读文本，才会让学生在宽松的环境和情境中充分调动思维和情感，才会让学生在深度思考与感悟中创造高质量的课堂生成。课堂的精彩之处有时候在预设之中，但更多的时候是在预设之外。

例如，在学习苏轼的《念奴娇·赤壁怀古》时，教师在引导学生分析周瑜这一人物形象时，有的学生提出，为什么会写"小乔初嫁了"这一句。教师并没有急于作答，而是让学生以小组为单位进行合作探究，然后各小组发表意见。有的小组认为，写"小乔初嫁了"，是从侧面描写周瑜的年轻。因为按照古代的婚姻习俗，人们结婚的时候往往都很年轻。周瑜是个自身条件很好的人，不存在找对象困难的问题，所以他结婚时一定很年轻，应该是个二十岁左右的小伙子，这里是为了突出周瑜当时风华正茂的形象。有的小组说，小乔是那个时代有名的美女，佳人配才子，写"小乔初嫁了"是为了表现周瑜有才气。有的小组说，自古美女配英雄，写"小乔初嫁了"是为了衬托周瑜的英雄形象。也有的小组说，历来美女配美男，写"小乔初嫁了"是从侧面表现周瑜的英俊，而且后文中有"雄姿英发，羽扇纶巾"一句可以印证这一观点。学生的这些回答或许不一定准确，如周瑜指挥赤壁之战时已经34岁了，娶小乔的年龄也不确定。但这些并不重要，需要肯定的是，学生思考和回答问题的角度都是对的，而且不同小组对文本的个性化解读极大地激发了学生的思考兴趣，把学生的思维和情感带到了一个空前积极活跃的状态，也为后续的学习奠定了良好的基础。如果当时在学生提出这个问题时，教师一笔带过，而没有给学生创造合作探究的时间和空间，如此好的课堂生成就不可能出现。这样的课堂生成大都不是预设的，但一旦出现了，教师就要抓住机会，发挥其最大的作用。

再如，在学习小说《百合花》时，教师说："小说为了凸显赞扬圣洁的人性美的主题，有意淡化了对人物相貌的刻画。"有的学生马上表示，不同意老师的观点，认为作者不仅没有淡化对人物外貌的刻画，而且在人物外貌刻画上匠心独运。教师并没有马上对学生的观点进行评价，而是征求其他同学的意见，发现有相当一部分同学支持那位同学的意见。于是，教师让同学们从课文中找依据。同学们最先找到的是有关对新媳妇的描写："这媳妇长得很好看，高高的鼻梁，弯弯的眉，额前一溜蓬松松的刘海""脸扭向里面，尽咬着嘴唇笑。"学生们认为新媳妇是一个活泼开朗而又年轻漂亮的中国农村传统的美丽少妇的形象。随后，教师引导学生分析有关小通讯员和小说中对"我"的外貌刻画。有同学发言说："通讯员撒开大步，一直走在我前面。一开始他就把我撂下几丈远。"步子大，说明个子高；走得快，说明身体棒。这里表现的是小通讯员的健康之美。"现在从背后看去，只看到他是高挑挑的个子，块头不大，但从他那副厚实的肩膀看来，是个挺棒的小伙子。"个子高但块头不大，说明小通讯员是个细高个；厚实的肩膀说明他肌肉发达。这里刻画的是小通讯员的形体之美。"我看见他那张十分年轻稚气的圆脸，顶多有十八岁。"体现的是小通讯员的青春之美。在小说中，作者虽然没有正面描写小通讯员的外貌，但还是通过侧面描写，刻画了小通讯员健壮英武而又青春年少的美好形象。关于小说中对"我"的外貌刻画，作者并没有直接交代，这给学生的分析带来了一定的难度。于是，教师让学生合作学习探究。很多小组也探究出了高质量的成果。他们认为："我"是一个漂亮的女战士。首先从"我"的身份看，"我"是文工团创作室的，是一个从事艺术创作的女战士，职业本身就会给读者带来一些美好的想象；从团长给"我"安排任务时为难的表情及最后决定安排通讯员护送"我"的情节看，"我"应该是一个柔弱纤细的年轻女战士；从通讯员在护送"我"去包扎所的一系列表现——"但脸还是朝着前面，没看我一眼""他也在远远的一块石头上坐下，把枪横搁在腿上，背向着我""他见我挨他坐下，立即张皇起来，……局促不安，掉过脸去不好，不掉过去又不行，想站起来又不好意思""他没回答，脸涨得像个关公，讷讷半晌"——从这些细节来看，"我"是一个特别让小通讯员感到羞涩的女人，而漂亮的女人是最容易让男人羞涩的。由此可以推想，小说中的"我"应该是一个文艺、纤弱、漂亮的女战士。此时，教师也从某种程度上认可了学生们的观点，但教师没有就此停留，而是让同学们继续合作探究，探究作者这样写的原因。学生们的探究成果如下：作者之所以要让小说中的主要人物以美的形象呈现，至少有三个方面的考虑。一是为了暗合文章题目"百合花"的象征意义。百合花是圣洁和美丽的象征，圣洁的是品格，美丽的是外表。故作者在人物塑造上不仅追求人物与百合花品格的相似，还追求二者外表的相似，这样人物与题目的呼应就更加密切。二是为了与小说的情节发展相照应。因为作者在小说的情节中融入了一点儿爱情的元素，对于人物形貌如此刻画更符合情节的真实性。三是为了突出主题的完美。小说的主题是赞美至善至美的人情、人性，所以作者在人物塑造上追求的是一种理想化的完美，即使在相貌刻画上也不容许有一点瑕疵。

　　本以为是一个错误的课堂生成，但因为教师抓住了这个课堂生成的思维含量，然后引导学生逐步深入探究，最终创造了高质量的课堂生成，打造了高质量的课堂。

第三节　吃透课标，教材是预设的前提

课堂的预设需要对学情有准确的把握。单元教学的整体目标与特点、一篇文章的内容与结构、主旨与情感、写作背景与作者身世际遇、语言特色与风格等，教师在备课时要对这些方面有充分的把握。只有在备课时下足了功夫，才可能对课堂的走向做出准确的预测。相反，如果教师没有充足的准备，对课堂的走向缺乏准确的预测，课堂生成往往就会偏离教学的主线而呈现出杂乱无序、旁逸斜出的情况。当大量杂乱无序、旁逸斜出的课堂生成出现时，教师就很难从容地掌控教学局面，甚至会出现力不从心、手足无措的状况。

例如，在学习《中国古代建筑的特征》一文时，教师需要明确，课标对本单元学习任务的要求是了解自然科学和人文科学的成果，学习学者们在不同领域的创新意识、探索精神和科学态度，激发学生对科学研究的兴趣和热情。以《中国古代建筑的特征》为例，就是要让学生了解中国古代建筑的特征，学习作者如何用简明而准确的语言介绍事物，学习作者介绍这些事物时使用的说明方法。这些在教学预设中应该有明确的指向性。但有的教师在教学过程中，课堂预设没有指向这些目标，反而用大量视频和图片去展示文章介绍的各种建筑及构件的构造原理，去引导学生想象和描绘文中那些建筑的样子。这样的预设显然偏离了教学目标。其结果导致学生把学习把重点放在了文章中介绍的实物上，非要探究某个实物到底是什么样子，某个实物到底精妙在哪里。这样的课堂生成显然偏离了课标要求。教师的错误在于对课标及文章重点难点缺乏科学的预设，而在细枝末节上又预设得过细，最终导致教学偏离了方向。

第四节　预设需要准确把握学情

课堂的预设需要对学情有准确的把握。学生的学习基础、学习兴趣、学习态度、学习能力和人生阅历等都存在很大的差异，教师在课堂预设时应该对这些因素给予充分的考虑。唯其如此，教师在知识传授、问题设置、活动组织、教学手段运用等方面才能做出最合适的选择，才能在教学过程中创造更多的有效课堂生成，才能最大限度地提升课堂的效果。

譬如，有的教师在进行课堂提问时，喜欢选择一排或者一列学生依次回答问题。这种提问的方式看似为每个学生提供了公平的机会，公平地对待每个学生；殊不知，这种做法忽视了问题的难度差异，忽略了学生的水平差异，违背了因材施教的教学原则。这样无差别地组织教学活动缺乏针对性，不利于课堂的有效生成。只有适合的问题面向适合的学生，才能恰如其分地调动学生的积极性，才能促成不同层面的课堂生成，才能提升课堂生成的质量，提升教学效果。

再如，教师在组织小组合作学习的时候，如果不注重不同层次学生的合理搭配，将会导致小组的整体水平呈现差异性。当面对同样问题的时候，有的小组感觉容易，有的小组感到困难。觉得容易的小组就有"吃不饱"的感觉，而觉得困难的小组会有"吃不了"的感觉。这些问题都是因为教师在课堂预设的过程中，忽略了对不同层次学生的预设，才影响了课堂生成的质量，降低了教学的整体效果。

第五节　预设宜"粗"不宜"细"

课堂预设要给学生留出足够的空间，宜"粗"不宜"细"。如果每个环节、每个细节、每个问题都是提前设置好的，那么学生自主学习的空间就被剥夺了，这与新课标的理念是相悖的。要给学生留出足够的空间，这个空间包括学生自主发现问题的空间、独立或群体合作解决问题的空间、个性化解读的空间、发表个性化意见的空间等。如果控制得过死，整节课按部就班地按照教师的思路走，学生的思维就不能得到充分锻炼，学生的创新精神就得不到培养，这与传统的"填鸭式"教学并无本质区别。教师的精力应该放到如何给学生创设展示自己才华的舞台上，如何整体把握课堂的正确走向上。

例如，在学习《最后的常春藤叶》的时候，如果按照传统的教学思路，首先要分析小说的故事情节：情节中的开端、发展、高潮和结局是怎样的？情节中的故事线索是怎样的？其次分析小说的人物：小说中出现了哪些人物？每个人物的性格特点是怎样的？作者通过什么样的方式来表现人物的性格特点？再次探究小说的主旨：小说的主旨是什么？作者通过什么样的方法表现主旨？小说的主旨对今天的社会和人有什么现实意义？最后分析小说的语言：小说在语言上有什么风格？这样的风格有什么好处？有哪些段落和句子最能体现这种风格？你从中有什么收获？这样的教学设计按部就班、面面俱到，教学预设也大都在意料之中，看上去四平八稳，但学生整节课会在教师的引领下，为完成一个个烦琐的任务而疲于应对。这会导致学生自主学习的空间少了，自我发现问题的机会少了，学习的欲望和兴趣降低了。这是因为课堂预设太细而导致的。很多时候，不同的文体、不同的作品，成功之处或最值得玩味之处各有不同，因此设计教学目标的时候也就不必面面俱到，而要在作品优点最突出的地方费心思、下功夫，进行合理的教学设计和课堂预设。作为著名作家欧亨利的《最后的常春藤叶》，作品最突出的特点是，作者善于在情节设置上设置悬念，善于用出人意料的结尾揭示主题。因此，教师在课堂的设计上，要从作者在情节设置的巧妙构思上下功夫。譬如，在学生对文本有了充分的整体感知后，可以提出这样的问题：你认为小说中最主要的人物是谁？为什么是他？之前你想到会是他吗？为什么？最终你为什么认为是他？小说在情节设置上这样处理有什么好处？这样的问题设计看似是粗线条的，但往往能够引领学生抓住小说的主干，让学生不得不从小说情节的设置、小说的结尾、人物形象的塑造、主题的揭示等方面深入阅读和思考。思考的结果也一定能引发学生的争辩，引发学生更深度的思维训练。这样的课堂预设和课堂生成才是高质量的，才能提升学生的思维能力。任何课文都有它的独特性，要想引领学生更好地解读课文，就必须找到最佳的切入点，用最有效、最直接的方式把握文本、解读文本。叶澜教授说："课堂应是向未知方向挺进的旅程，随时都有可能发现意外的通道和美丽的风景，而不是一切都必须遵循固定的线路而没有激情的行程。"❶ 这段话抓住了课堂预设与生成的本质。

第六节　预习准备和课外积累可以有效地促进课堂生成

课堂生成需要学生做好课前预习准备和课外积累工作。如果没有充分的课前预习准备，学生对课文的整体感知一知半解，不深入、不全面，那么进入课堂学习，面对教师提问和课堂活动的时候，学生就没有能力深入文本，并提出个性化的见解，也就不可能有高质量的课堂生成。特别是当面对一些篇幅较长、知识含量又较多的文章时。例如，《祝福》《林黛玉进贾府》《雷雨》《哈姆雷特》《屈原列传》《离骚》等，系统地读一遍，就需要二三十分钟的时间。如果不给学生充分阅读的时间，学生预习不充分，还没有掌握相关的基础知识，就引导学生进入文本探究，显然就违背了教

---

❶ 叶澜. 叶澜教育思想文选 [M]. 中国图书评论，2020.

学规律和学生的认知规律，当然也不可能创造高质量的课堂生成。这在很多的课堂教学比赛中体现得更加明显。因为这个时候，教师的授课对象往往不是自己的学生，比赛组织者也不允许教师与授课班级学生提前接触。部分教师没有这方面的经验，生怕完不成自己设计的教学内容，于是在课堂上分给学生很少的预习和朗读的时间后，便进入提问和活动环节，结果导致学生不能完成教师设定的任务。面对教师的提问，无人或很少人举手应答，课堂气氛从而变得沉闷，教师不得不把课堂互动变成教师讲授，这样的课堂效果可想而知。

作为语文教师，要有足够的知识积累，否则就无法轻松地驾驭课堂。学生需要知识积累，没有足够的知识积淀就不可能提出新颖的问题，就不可能有个性化的见解。在语文教学实践中，往往是那些具有丰富的学科知识和学科素养的教师和学生促进了高质量的课堂生成。因此，教师不仅自己要注重业务学习，还要引导学生平时多读书，多积累阅读经验，多积累语文知识。只有这样，才会有越来越多高质量的课堂生成，课堂才会越来越精彩。

第七节　教师要做课堂生成的催化剂

教师应该是课堂生成的催化剂。课堂生成既有一定的预判性，又有一定的偶然性。课堂生成需要教师有合理的预设，良好的预设可以促成良好的课堂生成。但在具体的语文教学实践中，那些真正精彩的课堂生成大都带有一定的偶然性，都不是课堂预设所能预料的。这与课堂的氛围有关，与教师的点拨引领有关，与学生的思维和情感状态也有关。知识丰富、思维敏锐、感情充沛、教学模式开放的教师容易促成精彩的课堂生成，反之亦然。

譬如，有位教师在教授《登高》的时候，有位学生提问："既然'落木'是'落叶'的意思，为什么作者不直接用'落叶呢'？作者是故意选用生僻的词语让人看不懂，显示自己的学问高深吗？"对于这个问题，教师其实心中有数。因为教师知道，在《必修》（下）里面有一篇林庚的《说"木叶"》，那篇文章就是对这个问题最完美的回答。但教师并没有卖弄自己，而是让学生去讨论这个问题，并且要采用小组合作探究的方式。教师只是在布置讨论前提醒学生要结合作者当时的遭遇与心境来思考这个问题。在讨论的过程中，教师参与了几个小组的讨论，并引导了讨论的方向。经过热烈的讨论后，各个小组都有了自己的观点。有的小组认为，这首诗写于安史之乱之后。当时军阀混战，民不聊生，作者流落他乡，加上穷困潦倒，年老多病，心情自然是抑郁的。作者选择用"落木"，而不是"落叶"，是因为落叶虽然也有衰落之意，但毕竟还是有色彩的，有绿色、有黄色、有褐色，能够给人一种五彩斑斓的感觉，太"热闹"，不足以表达作者当时愁苦郁闷的心情；而"落木"一词，淡化了落叶的色彩，只剩下了萧条，更符合作者当时的心境。有的小组则说，"落叶"给人的感觉轻飘飘的，甚至给人一种随风飘舞的感觉，不够庄重，太"梦幻"，不能表现作者当时沉重的心情；而"落木"则没有这样的感觉，所以用"落木"更好。有的小组说，与"落叶"的景象相比，"落木"的景象出现在更寒冷的季节。因为叶子落完了，无叶可落的时候，那些枯朽的枝条才会落下，更寒冷的季节才更适合作者寒寂的心情。有的小组说，"落叶"给人的感觉轻浮，"落木"给人的感觉厚重，更符合杜甫诗歌沉郁顿挫的风格。有的小组说，"落木"给人一种"惊悚感"，而"落叶"则没有这样的感觉，这更符合作者年老病衰、为家国担忧受怕的心情。这些课堂生成都是学生深度思考的结果，或许与林庚的《说"木叶"》相比，不一致、不深刻、不全面，但毕竟是学生自己思考的成果，自己个性化的理解，这对学生思维品质的提升、科研能力的培养，有不可估量的作用。教师最大的成功就在于抓住了学生的关注点，并通过恰当的方式引领学生深度思考，从而创造了出乎意料的精彩课堂生成。

这也给我们带来了几点启示：一是教师要有包容的心态，要放手让学生探讨未知的领域；二是教师要善于抓住关键的机会，引导学生深度思考，从而创造良好的课堂生成；三是教师要对学生进行适当的点拨、引导，引领学生在探讨问题的时候保持正确的方向；四是不必过分看重学生思考的结果，要看重学生思考的过程。总之，教师要做课堂生成的催化剂，而不是做课堂生成的拦路石。

课堂预设与课堂生成是课堂教学的两个重要组成部分，二者相辅相成。预设是生成的基础和准备，生成是预设的期待与成果。只有正确地处理二者的关系，合理预设，抓住生成，语文课堂才会更精彩。

第五章　如何组织开展小组合作学习

小组合作学习是指让学生组成合作小组，通过成员之间的合作、互助，从而实现共同学习、共同提高的一种学习模式。它对于解决小组成员个体的疑惑，以及成员个体难以解决的问题有着比其他学习方式更好的效果。小组合作学习可以让小组成员相互交流学习方法和经验，锻炼每个成员的合作能力，培养每个成员的团队精神。相对于传统的灌输式、一言堂的教学模式，小组合作学习不失为一种比较先进的学习模式。也正因为如此，小组合作学习成为目前语文课堂教学广泛使用的一种学习模式。

第一节　小组合作学习存在的问题

但就目前语文教学的现状而言，小组合作学习模式在使用过程中还有很多误区。

一、滥用小组合作学习模式

使用任何一种学习模式都应结合教学内容、教学目标、问题属性及教学情景；如果不能，那这种学习模式就没有针对性，就发挥不了它的优势，就达不到提升学习效果的作用。当下，很多语文教师为了表现自己教学的灵活性、开放性和先进性，不加选择地滥用小组合作模式，时间久了不但起不到提升课堂效果的作用，而且还会降低学生合作学习的兴趣。在布置小组合作学习任务前,他们很少思考:这个问题有多大的难度?学生通过个体思考是否可以解决?合作学习能解决问题吗?合作学习能达到什么样的效果?现在的课堂情景下适合学生合作学习吗?合作学习的成果与合作学习占用的时间相权衡,值不值得?……如果不经过深度思考和精心设计,对合作的目的缺乏慎重考虑,对合作的方式缺乏合理规划,对合作学习的成果缺乏准确预判,那么合作学习就是随意的、粗放的,就是滥用的。这种滥用削弱了合作学习的作用,降低了合作学习的质量,以及课堂教学的整体效果。

二、对合作学习小组的划分考虑不周密

很多教师在划分学习小组时,大都采用就近原则,即距离近的学生组成一个学习小组,一般为前后两对同桌组成一个四人学习小组。但由于每个小组成员的学科素养、知识水平、思维品质和性格特点不同,导致小组之间的不平衡,也导致合作效果的不平衡。学习小组的划分,应该遵循就近原则,但也应该考虑每个小组内学生个体的差异。如果有的小组成员学科素养都比较弱,思维能力不够强,缺少带头人和引领者,那么他们合作的效果就会大打折扣;如果有的小组成员都是性格内向、不愿交流、不愿发表自己意见的学生,那么这个小组的合作学习就难以开展。所以合作学习小组的划分要考虑多方面的因素,既要考虑每个学习小组学科素养、知识水平和思维品质的整体均衡性,又要考虑每个小组成员不同性格特点的科学搭配;同时还要适当考虑就近原则,尽量让同一学习小组的同学坐到一起。班级可以实行"走班制",学科当然也可以采用"走座"制。总之,要通过科学的小组划分,让各个学习小组合作学习的能力、合作学习的氛围、合作学习的效率达到均衡,从而保证小组合作学习的整体效果。

三、对合作学习过程的指导不够

这主要表现在学生小组合作学习的过程中，教师置身事外，不能对合作学习的过程进行有效把控，不能及时了解学生合作学习的进程和方向，不能及时发现学生在小组合作学习中的困难，不能在学生遇到困难并难以克服时及时提供有效的点拨和指导。有些教师虽然没有置身事外，在学生合作学习的过程中也有参与和发言，看似参与了学生合作学习的过程，但往往只重形式，不重实效，对合作情况了解不深，不能进行有效的指导，这种参与方式与置身事外并无本质的区别。这些弊端都是教师教学主导作用发挥不够甚至缺失的表现。之所以出现这种现象，很大程度上是因为教师对小组合作学习的过程缺乏预判和规划。教师对于合作学习要解决的问题没有提前进行深入的思考，对合作过程中可能出现的问题和状况没有提前做好预案。这些问题可能导致教师对合作学习的过程无法有效把控，对合作学习的课堂生成无法有效应对和引导，也会最终导致小组合作学习的效果不尽如人意。

四、合作学习的评价体系不健全、评价不到位

科学的评价以及评价体系可以激发学生的上进心，增强学生的荣誉感。对于学习小组团队而言，科学的评价体系还可以激发团队的竞争意识，提升团队的合作精神。目前，在语文课堂合作学习模式的使用过程中，评价还是一个短板。这主要表现为评价体系不健全，评价不科学、不到位。例如，教师注重对个体的评价，忽视对小组整体的评价；重视对合作效果的评价，忽视对合作过程中参与积极性的评价；重视对某节课的评价，忽视阶段性和长期性的评价；重视教师自身的评价，忽视对学生的评价等。这种粗放

式的评价，不够客观、不够科学，甚至不够公正，也因此削弱了学生参与小组合作学习的积极性。

第二节 提升小组合作学习效果的有效途径

一、营造良好的合作学习氛围

小组合作学习是一种团队集体学习的方式，它需要每一位小组成员的积极参与，需要合作的精神，需要民主的氛围，需要竞争的意识，需要探究的勇气。而要把这些积极因素都充分调动起来，就要求教师必须创设一种良好的合作学习氛围。首先，在平时的课堂教学实践中，要充分尊重学生学习主体的地位，引导每一位学生善于并勇于发表自己的意见，要有意识地培养学生的团队意识和合作精神，让学生充分理解尊重他人、帮助他人就是提升自己的辩证的道理。这些都是合作学习必须具备的品质，而这些品质的形成不是一蹴而就的，需要教师在长期的教学实践中进行培育。其次，要为每个学习小组选择一位负责任的领队。一个好的领队能够带出一个好的团队，小组合作学习也是如此。一个好的合作学习领队并不一定是学科素养和知识水平的尖子，但他必须具备一定的组织能力，具备创先争优的意识，具备包容的精神和民主的作风，具备凝聚所有成员的号召力。小组领队的优良素质能够为小组合作学习创造更为积极的氛围。最后，教师要有"煽风点火"的能力。这里的"煽风点火"是指教师要善于用合适的语言、合适的情绪、合适的方式，在小组合作前和合作中，激发各个小组及成员的好强心、好胜心，促使各个小组及成员高效合作、深度合作，从而打造高质量的合作成果。

例如，在组织某个理由探究活动的时候，教师在布置讨论后可以这样

"煽风点火"：理由找得多10分，找得准10分，陈述理由有理有据10分，有独到的见解10分，小组合作氛围好10分。小组第一名享受全班鼓掌的待遇，最后一名要在课后整理小组的讨论成果。在小组讨论过程中可以这样"煽风点火"：这个理由某个小组已经找到了，你们要想取胜必须在陈述质量上下功夫；某某小组找的理由比你们多，你们可以在理由的精准度上超越他们；某某小组有个观点很新鲜，你们小组是否也在观点的个性化上多下点功夫……这样的"煽风点火"，可以进一步激励各个小组的竞争意识，促使各个小组进行更深度的思考。当然，"煽风点火"的方式有很多，如运用多媒体音频、视频和画面，充分调动学生的情绪，创设合适的情景，让学生沉浸其中，激发学生对文本的兴趣，引起他们合作探究的欲望。例如，在学习徐志摩的《再别康桥》时，利用多媒体播放相关视频和朗诵音频，让学生充分感受康桥美景和诗中蕴含的情感。当学生沉浸其中的时候，再抓住时机让学生合作探究诗中的景物和情感。

二、制定并不断优化小组合作学习的流程

小组合作学习是一种学习的模式，既然是一种学习的模式，那就应该有相应的流程。一般来说，小组合作学习应该包括以下几个步骤：个人思考—交流个人思考结果—小组辩论—达成共识—整理成果—代表发言。

第一步是个人思考。没有个人思考，交流和辩论就不会有深度。教学实践中很多教师忽略了这一步，一旦布置了讨论内容，便立刻鼓动学生组内积极发言。殊不知，这样的发言是没有多少深度和质量的。

第二步是交流个人思考结果。在这个过程中，每个成员都有话语权。不管自己的观点如何，观点的质量如何，他们表达的过程就是展示自己、表现自己的过程，是锻炼自己勇于表达、善于表达的过程，更是提升自信

心的过程。同时，因为每个成员都要在自己的同学面前发言，在同学面前表现自己，他们的好胜心会逼迫自己在发言前进行深度思考，认真整理思考的结果，力求让自己的发言得到同学的认可。这也在无形中提高了学习标准。

第三步是小组辩论。这是一个去伪存真、去粗取精的过程。通过成员之间的自由辩论，让每个成员充分了解其他成员的观点和根据，了解其他成员的思维角度和思考方式，明白他人的先进性，也反思自己的不足。这是一种综合性的提升，也是合作学习重要的目标之一。

第四步是达成共识。共识是所有成员集体智慧的结晶，当共识达成时，每一个小组成员都会有满满的自豪感。共识达成的过程就是培养集体荣誉感的过程。当然，很多时候小组内达不成共识，每个成员或部分成员观点不统一，而且各自有充分的依据，这也不要紧。存在分歧说明学生有个性化的思考，有不妥协的精神，这本身是一种难得的科学精神。而且把分歧整理出来，也是一种成果。有时候有分歧的成果比没有分歧的成果更可贵。前面三个环节做好了，后面的两个环节也就水到渠成了。上面的小组合作学习流程只是合作学习的流程之一，不同的合作学习内容，也可以有不同的合作流程。

例如，在学习小说文本的时候，可以把探究某个人物形象作为小组合作学习的内容。要准确、全面地把握这一人物形象，需要从不同的角度切入，涉及的内容很多。即使是小组合作，也很难在短时间内完成这一任务。这个时候，教师可以引导学习小组采用分工合作的方式来组织。例如，有的成员从外貌描写的角度分析，有的成员从人物语言的角度分析，有的成员从个人遭遇的角度分析，有的成员从周围人对她的态度角度分析等。当然，也可以把小组分成更小的团队，不同的团队承担不同的任务，最后各团队提交结果，小组讨论汇总。当然，也可以把学习的任务分解到各个学习小组，采用各小组之间分工合作的合作学习方式。需要注意的是，小组合作学习必须限定时间，同时要求小组成员发言及辩论时声音不要太大，不能影响其他小组。

三、科学设计小组合作学习的内容

小组合作学习的目的是激发学生的认知冲突，让学生在交流与争论中拓展思维的广度与深度，让学生在合作中完成个体难以完成的任务。为了实现该目标，教师要科学地设计合作学习的内容。一般说来，小组合作学习的内容应该遵循以下原则。

一是趣味性原则。兴趣是最好的老师，教师在设计合作学习任务的时候，应该尽量选择那些能够引发学生好奇心、激起学生思考兴趣的问题作为合作学习的内容。

例如，在学习《孔雀东南飞》时，教师可以布置这样的合作学习任务：文章中的刘兰芝漂亮、勤劳又贤惠，为什么还会招致婆婆的怨恨呢？刘兰芝这个人物大部分学生都喜欢，而焦母这个人物大部分学生都厌恶，把问题的核心设置在学生最关注的两个人物的矛盾关系上，就会更容易引起学生讨论的兴趣。

二是开放性原则。小组合作学习培养的是学生发散性的思维品质、个性化解读文本的能力及创新精神。所以教师设置的学习内容应该具备一定的开放性，答案也应该是多元化的。

例如，在学习《荷花淀》时，可以布置这样的合作学习任务：都说战争是残酷的，但在孙犁的笔下，战争似乎是一件很简单的事，似乎挥手之间就能取得胜利。有人说，孙犁美化了战争，是对历史的不尊重。也有人说，孙犁对战争的描写正体现了他的艺术风格。对这个问题大家怎么看？这个问题是没有标准答案的，学生支持哪一种观点都可以，只要证据充分、逻辑严密、表述恰当，就达到了合作学习的效果。

三是探究性原则。由于小组合作学习训练的是学生深度思维的能力，培养的是学生的科研品质，所以在合作学习内容的设置上，要有一定的探究性，要让学生在合作学习的过程中思维深度和广度上都能得到拓展。

例如，在学习《念奴娇·赤壁怀古》时，教师可以布置这样的合作学习任务：有人说苏轼是豁达的，没有豁达的胸怀是写不出"大江东去，浪淘尽"这样波澜壮阔的诗句的；也有人说苏轼的人生观是消极的，"人生如梦，一樽还酹江月"就表现了苏轼借酒消愁、逃避现实的人生态度。这个问题的回答，涉及作者的人生际遇，以及作者融儒、释、道于一体的复杂的思想。教师可以引发学生从不同的角度去思考、去探究，而且答案也不是唯一的。

四是挑战性原则。所谓挑战性原则，即合作学习设置的内容要有一定的难度，是个体学生难以解决的问题。只有具备了一定的难度，才有合作学习的必要；只有具备了一定的难度，才能激发学生挑战的欲望。不是所有的问题都适合小组合作学习，所以教师在选择和设置合作学习任务时，要精心设计、慎重选择，这样设计的合作学习内容才有深度，才有价值，才能实现小组合作学习的真正目的。

四、教师要扮演好自己的角色

小组合作学习把学习的主动权交给了学生，是一种充分尊重学生学习主体地位的学习模式，但教师依然是课堂的主导。在小组合作学习的过程中，教师要扮演好自己的角色。

第一，教师是合作学习的组织者。对是否需要合作学习，合作学习什么内容，合作学习多长时间，通过什么样的方式合作学习，如何分组，组内如何分工，学习过程中要注意什么问题，教师都要做好预案并交代清楚，从组织上保证合作学习过程的秩序性。

第二，教师是合作学习的监督者。对于合作学习的过程要全程把控。例如，教师要随时关注每个小组的合作进程和合作质量，防止个别小组借助合作学习的机会闲谈与活动内容无关的话题；要对那些成员发言不积极、合作氛围不浓厚的小组进行警示和激励；要对那些讨论声音过大，影响其他小组合作学习的小组进行善意提醒等。总之，教师要通过对合作学习过程的把控，使合作学习在热烈而有序、紧张而活泼的氛围下高效进行。

第三，教师是合作学习的引导者。教师要时时关注每个小组合作学习的进程和阶段性成果。对于学习方向出现问题的小组要及时纠正，对合作学习中遇到的困难要及时点拨和引导，对合作氛围好、合作效率高的小组要给予阶段性的表扬和鼓励。教师要通过发挥自己的主导作用，让每个小组的学习合作都保持正确的方向，让每个小组在合作学习中不仅收获知识，而且还能学到方法。

第四，教师是合作学习的信息传递者。在小组合作学习期间，教师无法和其他小组进行交流。对于部分小组先进的合作方式和阶段性的成果，教师可以及时将其传递给其他小组，从而提升所有小组的合作效率和合作成果。

总之，教师在学生合作学习的过程中，不能置身事外，要积极参与其中，通过充分发挥教学主导作用，优化合作学习方式，增加合作学习的深度，最终提高合作学习的质量。

五、健全小组合作的学习评价体系

小组合作学习是一种常态化的学习模式，要保证这种学习模式有效运行，保持学生对这种学习模式的持久兴趣，不断提升这种学习模式的质量和效果，就必须建立健全一整套的科学评价体制，充分发挥评价的激励作用。评价体系的建立要遵循以下原则。

第一，民主性原则。教师不能独占评价权，应该将更多的评价权力交给学生。学生既可以以个体的身份参与评价，也可以以学习小组为单位进行评价。这样的评价更公正，更能得到学生的认可。

第二，激励性原则。评价的涉及面要广，要让更多的学生受到关注和鼓励，为此要设置更多的奖项，如优胜小组、优秀小组长、优秀辩论员、优秀记录员、优秀发言人等。同时，要针对那些个人学科素养偏差、性格内向、不善交流的学生设立进步奖。只要他们做得比以前好了，就有获奖的机会，以此激励他们在合作学习中更好地表现自己、提升自己。当然，也可以设立小组进步奖，以激励那些合作学习中整体表现不够突出的小组。

第三，多元性原则。评价指标要多元化，在小组合作中任何突出的表现都应该得到认可，如小组活动的成果、小组活动的氛围、小组成员参与的积极性、小组的合作能力、小组的创新精神等。要采用阶段性评价与终结性评价相结合的原则。评价不宜太频繁，某节课的小组合作情况，教师简略评价即可。一个月进行一次阶段性评价，评价时要求学生参与，评价结果只记录，不表彰。每学期进行一次终结性评价，评价结果出来后，进行表彰，给予各个层面的获奖者以物质或精神奖励。评价及建立评价体系本身不是目的，而是要通过公正、多元的评价引领小组合作学习的正确方向，激发学生参与小组合作学习的浓厚兴趣，以此提高小组合作学习的质量。

作为一种先进的学习模式，小组合作学习能够提升课堂学习的效率和质量，能够锻炼学生的合作能力和表达能力，能够培养学生的团队意识和科研素养，具有其他学习模式不可替代的作用。但它也对教师的学科素养和课堂组织能力有很高的要求，只有教师在教学实践中不断摸索和积累，掌握其中的规律和技巧，才能在课堂上熟练应用，才能发挥小组合作学习模式的最大作用。

第六章　语文课堂教学的提问技巧

第一节　课堂提问的作用

语文课堂提问是课堂教学环节的重要组成部分，是促进师生互动、激活学生思维的有效途径。教师提问是教师课堂教学主导地位的一种体现，教师有效的课堂提问可以促进学生思维发展。学生对问题进行思考和解答的过程就是对思维进行训练的过程。学生在思考问题的过程中，会对问题涉及的信息进行归纳、比较、分析和总结，这能使学生的思维更加具有灵活性。同时，教师对学生的回答进行分析与评价，也是在传授思维方法，有益于学生思维的发展与提升。❶但提问并不是教师的专利，现代教学理念下，学生才是学习的主体。作为主体，学生享有提出问题的权利。学生提出问题的前提是发现问题，而发现问题是一种更高层次的思维训练，有利于培养学生的创新精神。学生提问的对象既可以是同学，也可以是老师，当然也可以是自己。学生提出问题，自己或与同学合作解决问题的过程就是一个自主学习的过程。它可以充分提升学生学习的自觉性和主动性。

---

❶ 苏青，吴桂美.核心素养导向下的高中语文课堂提问策略探究[J].教师，2022（3）.

第二节　课堂提问存在的问题

就目前语文教学现状而言,课堂教学提问还存在很多的短板和误区,具体表现如下。

一、问题设置不合理

语文课堂提问不该为提问而提问,它注重的应该是效果而不是形式,所以问题的设置要科学、有效。如果问题设置得不科学,提问就成了低效甚至无效的提问。低效或无效的提问会降低学生思考的积极性,降低学生学习的兴趣。无效的课堂提问主要包括以下几种。

一是问题设置得太简单,缺乏挑战性,不能引起学生深度思考。二是提问的内容缺少必要的限定性,让学生找不准思考的切入点,无法有针对性地思考和作答。三是问题设置得太难,超出了学生的学科素养和认知水平。学生没有能力解决教师提出的问题,也就无法准确作答。四是问题设置缺乏层次性。对于一些比较困难的问题,教师直接发问,直奔主题,而不能把困难的问题有序分解,先易后难,给学生搭几步台阶,引导学生逐步解决问题。

二、提问对象不合适

每个学生的语文学科素养、知识水平是有差异的,有些问题有的学生有能力解决,有的学生没有能力解决。有些问题个体的学生解决不了,但通过合作可以解决。如果教师在问题设置的时候,没有精准判断问题的难度,没有考虑问题适合的对象,那么在提问过程中,就会出现"错位"的尴尬:水平高的学生回答低层次的问题,感受不到挑战的愉悦;水平低的同学回答高难度的问题，享受不到成功的快乐。这些都会影响课堂的氛围。需要合作探究的问题，应该是具有挑战性、开放性、综合性的问题，应该是大部分学生不可能独立完成的问题。如果教师针对小组合作提出的问题浅薄了，那么小组合作就成了为合作而合作，就完全变成了形式主义的合作，会影响思考探究的氛围，降低合作学习的兴趣，造成学习时间的浪费。此外，部分教师为了追求教学效果，为了营造课堂"热闹的氛围"，在提问的时候，把提问对象锁定在了学科素养较高的少数学生身上，把其他学生当作看客。时间久了，被忽略、没有机会表现的这部分学生会有一种被冷落的感觉，自尊心也会受到打击，学习兴趣逐渐降低，最终会造成班级学科学习的两极分化现象。这就背离了"为了一切孩子的发展"的教育原则。因此，课堂提问不仅要有针对性，还要关注所有不同层次的学生的发展，为每个学生找到适合的问题，让每个学生都在紧张和充实中收获知识和快乐。

三、提出的问题缺少开放性

语文课堂应该是一个充满激情和活力、可以自由交流的地方。但现实中的语文课堂，一些教师的提问比较死板、封闭，呈现出答案标准化的状况。在这样的课堂模式下，学生的个性化思考受到了限制，对文章的个性化解读受到了制约，学生的发言按部就班，师生互动、生生互动缺乏深度，课堂上缺乏激情碰撞的火花。长此以往，课堂将会成为一个僵化的地方，会极大地降低学生的学习热情。因此，教师的提问设计应该具备开放性。教师多提问具有开放性的问题，让学生有更多主动思考的欲望，让学生的发言更具个性化色彩，让课堂的辩论更激烈、更有深度，这样学生的思维才能够得到很好的锻炼，这样的课堂才会激发学生学习的欲望和兴趣。片面追求标准答案的课堂提问是教条主义的体现，是教师教学观念先入为主的体现。这样的课堂是僵化的，是缺乏生命力的，不利于学生个性的展示和创新精神的培养。

四、提问的密度不合适

语文课堂提问要有合适的密度。密度过低、问题太少，教师自然就会讲得偏多，就会"满堂灌"，学生的思考就会受到限制，思维得不到充分锻炼。密度过高，问题太多太碎，就容易变成"满堂问"。"满堂问"和"满堂灌"并无本质的区别，都是教师剥夺学生学习主体地位的表现。当问题过多的时候，问题的质量就会大打折扣，低效、无效的问题挤占学生深度思考的空间，影响学生思考的深度。过多的问题也会让学生疲于应对，给学生的心理带来沉重的压迫感，消解学生的兴趣和快乐。同时，在教师频繁的提问下，学生没有时间和精力去发现问题、提出问题、解决问题，尊重学生的自主学习地位也就成了空话。

五、对学生的作答评价不到位

对学生的作答，教师可以评价，也可以让学生自己评价。但在现实的语文教学实践中，教师对学生的作答评价往往过于随意和简单。

一是教师大搞"一言堂"，霸占评价的话语权，剥夺学生自我评价和评价他人的权利。事实上，当把评价的权利放手给学生的时候，课堂往往会有意想不到的收获。教师看似完美的评价，学生不一定觉得完美，他们可能还有更精彩的评价。学生对自己的评价过程，本身就是一种反思和感悟的过程，是一个自我升华的过程。当学生评价别人的时候，需要自己站在更高的层面，这势必会逼迫他们进行更全面、更有深度的思考。因此，无论评价自己还是别人，都是学生思维能力、评价能力在更高的层面上得到深度训练的宝贵机会，有利于全面提高学生的学科素养。

二是教师的评价不到位。对自认为比较完美的答案，教师往往用一句简单的"好""是""对"来进行评价，对答案好在哪里、从哪里得出的答案、答案是怎么得出的、答案是如何组织的等问题缺乏追问和评价，而这些正是其他学生最需要知道的。因为这里面暗含着作答学生比较先进的学习方法和思考方法，而这些思考方法和学习方法既需要教师的点拨，更需要通过师生总结传递给其他学生。对那些有瑕疵的答案，教师往往用"不准确""不全面""不对"等词语进行评价，或者干脆让其他学生代替作答。对这些不完美的答案，不完美在哪里、为什么不完美、怎么样才能完美等学生关心和需要解决的问题，教师缺乏指导和引领，不能及时通过给学生搭梯子引导学生思考出更准确、更完美的答案，会错过对学生进行个性化、针对性指导的机会，也会使师生互动的效果大打折扣。

六、提问的技巧研究不到位

语文课堂提问既是一种艺术，又是一种技巧。只有把握了提问的技巧，才能充分体现提问的价值，达到提问的最佳效果。而在现实的语文教学过程中，很多教师不注重提问技巧的研究，大大降低了提问的效能。例如，对提问时机把握不到位。提问要给学生留出适当的时间去思考，如果留出的时间太短，学生没有充分阅读材料、思考问题，思维的深度和广度不够，这时急于让学生作答，那答案的质量也就可想而知了。但也不是留的时间越长就越好，如果留的时间过长，学生心中早就有答案了，教师却迟迟不让学生回答，这不仅浪费了课堂时间，还会分散学生的注意力，影响课堂的紧凑感。再如，不能抓住学生的兴奋点合理提问。课堂教学的氛围是有起伏的，课堂氛围最活跃的时候，也是学生情绪最兴奋、思维最活跃的时候。很多教师不能及时把握好课堂上的这一机会，通过自己的引领让学生思考更深层次的问题，不能借助这个机会让学生完成更具挑战性的任务，把课堂上本来可以创造高效率、高质量的机会白白错过了。再如，不懂对提问进行变通。教师提的问题都是预先设置好的，但这些问题哪些是合适的，哪些是不合适的，还没有经过课堂实践的检验。有些问题通过前段时间课堂的学习，学生已经解决了，而教师非要按部就班地继续提问，学生的回答即使再完美，也是画蛇添足了。而在教学过程中，在师生互动、生生互动的过程中突然发现的大家都关注的新问题，教师因为没有充足的准备而不敢展开，一带而过。新问题往往都是正向的课堂生成，抓住正向课堂生成并深入探究既是引领学生深度思考的绝佳机会，又是锻炼教师课堂驾驭能力的绝佳机会。不管教师对这些问题有无准备，不管能否驾驭，都不该回避。这个时候可以引导学生展开课堂讨论，很多问题个体学生解决不了，教师也解决不了，但通过师生讨论、生生合作，一般是可以解决的。如果实在解决不了，教师既可以将其作为课后思考题留给学生，又可以在课后向其他教师寻求帮助，问题最终都能解决。越有挑战性的问题，对于师生的成长往往越有帮助。

第三节　课堂提问的策略

以上是现实语文课堂教学过程中在课堂提问方面存在的一些问题，那么在具体的语文课堂教学实践中，如何设置课问题，如何提高提问的质量和效果呢？

一、问题的设置要抓关键

提问、思考、作答在课堂上占有很大的比重，问题的设置直接影响教学的节奏和效果，因此问题的设置要符合课标要求，紧扣文章的内容，要有助于学生对课文的整体感知、有助于学生厘清文章的脉络，有利于挖掘主题、情感，有助于把握写作特点，有助于赏析语言，有助于培养语文学科的素养，有助于提升学生的思维品质。与文本无关的旁逸斜出的提问，以及偏离课标要求和文本内容的问题，即使有一定的趣味性和探究性，也是无意义的提问，都会影响课堂的整体效果。

例如，在讲小说时，要围绕小说的情节、人物和主题表现设置问题，要围绕情节构思与线索安排、人物塑造的方法与技巧、环境描写的特点与作用、主题揭示的手法等设置问题。散文要围绕情感、表现手法、语言赏析等设置问题。议论文要围绕观点、论证手法与技巧、论证顺序、观点的意义等设置问题。诗歌要从诵读技巧、情感把握、语言赏析等角度设置问题……

所谓抓住关键问题就是要抓住文本内容与文本特点，注重对语文核心素养的培养，提升学生的思维品质，对学生的知识积累与学科应用能力进行训练。

二、问题的设置要有层次性

问题的设置要由易到难、由浅入深，符合学生的认知规律，要随着学生对文本的理解、赏析的深入，体现一定的顺序性、层次性。在学习一篇课文时，有时候文章的重难点不可能通过一个问题的设置就能够完美解决。这时，语文教师就要在课堂上把重难点分解为一系列小问题，引导学生循序渐进地从解决小问题入手，步步深入，最后达成解决总问题的目标。

例如，在学习杜甫的《登高》这首诗时，需要引导学生体会作者忧国忧民的高尚情怀。但当学生对于诗歌本身的感知、理解还不到位的时候，可以先引导学生思考这样几个小问题：诗歌写了哪些意象？这些意象是怎样的？营造出了怎样的意境？结合诗人的写作背景及上述的分析谈谈诗人要表达的思想感情。从小处入手，循序渐进，层层深入，逐步解决问题，看似困难的问题就会在不知不觉中变得容易了。在这个过程中，不但主要问题得到了解决，而且学生的思维过程也会变得更清晰，还能让学生学会解决问题的思路和方法。

再如，在学习鲁迅的《祝福》时，要引导学生从整体把握祥林嫂的形象，以及通过形象塑造揭示了什么样的主题。回答这个问题需要从故事情节、人物刻画甚至环境描写等多角度思考。学生不可能一下子把这个问题思考到位。为此，教师可以这样设计：小说中人物形象塑造的手法有哪些？本文运用了哪些手法？使用这些手法有什么样的好处？这些手法分别表现了祥林嫂什么样的性格特点？祥林嫂整体上是一个什么样的形象？作者为什么塑造这样一个形象？这个形象对于当时的社会现实及今天有什么意义？对每个小问题的思考都是从不同角度对小说的解读，而且有一个逐渐深入的过程。这样的设计，便于学生对小说进行整体阅读和深度阅读，便于学生学会阅读小说的方法，也便于培养学生对阅读小说的兴趣。问题的层次化不仅能够培养学生解决问题的能力，而且能让学生学会解决问题的步骤和方法。因此，问题的设置要从小到大、由浅入深、从表面到本质。这样方能体现问题设置的层次感和次序性，才能循序渐进地引领学生达成学习的最终目标。

三、问题的导向要清晰

教师提出的问题导向不仅要清晰，有明确的指向性，还要瞄准课标的要求，以及教学目标、教学的重点和难点。

例如，在学习《百合花》时，教师要明确小说的主题是表现至善、至真、至美的人性。而要让学生充分理解这种人性之美，就必须从小说的题目、情节设置和人物形象入手。问题的设置要紧紧围绕这个几个方面展开，并清晰地指向小说的主题。在对题目"百合花"的解读上，如果教师一开始就问：大家看到题目想到了什么？学生想到的只能是百合花的漂亮，百合花的纯洁，百合花代表了爱情。这些当然与对小说的解读有关，但在没有对文本进行深入解读、没有明确小说的主题前，这些回答都是浅薄的，不全面也不深入。这是因为在这个问题的设置上，教师缺乏明确的导向性，问题本身就没有指向小说的情节、人物和主题。如果换一种提问方式："小说的题目是'百合花'，大家思考一下，作者为什么会用'百合花'作为题目？"那么这样的提问就有了很清晰的导向性。它会引导学生去思考小说题目与小说情节、人物和主旨的关系，它会让学生思考小说题目的表层意义与象征意义，即百合花的品质、姿态与小说中人物的相似性，进而寻找小说中出现与百合花的相关情节及其作用，探究小说题目与主旨的关联性。只有问题的导向清晰了，思维含量高了，学生的思考深入了，思考的结果才能更深刻、更丰富。

四、提问的方式要变通

教师可以提问，学生当然也可以提问；个体学生可以提问，学习小组也可以集体提问。要鼓励并引导学生通过自己的自主学习发现问题，提出问题。学生提出的问题往往是具有挑战性的问题，个体学生提出的问题可能是很多学生存在同样困惑的问题，但这些问题教师并不一定能够发现，所以解决这些问题或许比解决教师提出的问题更有针对性，更能提升学习效果。当小组合作探究的时候，也会有小组解决不了的问题。这些问题则更具有挑战性和探究性。教师应该及时把这些问题当作宝贵的课堂资源，组织全班同学讨论，不要一味地追求问题的答案。很多问题或许没有标准答案，但对这些问题的探究本身就是对学生思维能力的训练，是对学生深度思考的训练。当然，不是所有的问题都有探讨的价值。这需要教师去甄别，对那些无意义或意义不大的问题，要告知学生其无效性，引导学生不要在这方面浪费过多的精力。为了提高学生提出问题的质量，在平时的教学过程中，要组织学生对提出问题的质量进行评价。时间久了，学生提出的问题的质量就会越来越高。为此，教师要大胆放手，给学生创造提出问题的机会，以及发表自己见解的机会。

五、要学会及时追问

教师提问后及时追问，可以引导那些回答正确的学生总结并反思自己解决问题的过程，深化对问题的理解，同时也给其他不能解决问题的同学提供正确思考和解决问题的方法。对那些答案有问题的学生，通过追问的方式，可以教给他们解决问题的正确思路，引导他们得出正确的结论。

例如，在学习《荷花淀》时，文中有这样一句话："不要叫敌人汉奸捉活的。捉住了要和他们拼命。这才是最重要的一句。女人流着眼泪答应了他。"针对这句话，教师可以设置这样的问题：为什么说"这才是那最重要的一句"？为什么女人答应水生时流着眼泪？这个问题看似简单，实际上有些超越了学生所处年龄阶段的认知范围。因为这看似简单的问题涉及两性情感问题、时代背景问题，以及个人认知问题，所以学生会一时不知道如何回答。这个时候教师可以这样追问："水生为什么告诫自己女人不让敌人捉活的？被捉住了，敌人会怎么样？被捉住了会给女人自己带来怎样的影响？还会给哪些人带来影响？水生这样的要求表达的是对女人的一种什么样的情感？女人为什么听了这样的嘱托会流泪？"每一种追问其实都是在提醒学生回答问题切入的角度和方法。在这样的追问下，学生往往会通过一步步更深入的思考得出正确的结论。

六、课堂提问要学会收放自如

在通常情况下，语文课堂中的提问环节会让学生的思维变得较为活跃，班级的氛围也会在这个环节中较为热烈。这个时候需要教师拥有较强的课堂掌控能力，做到收放自如。而在实际教学过程中，由于学生群体年龄阶段的特殊性及教师对课堂掌控能力的差异性，有时会出现教师在课堂提问环节中控制不住局面的情况。当学生思维十分活跃的时候，他们在认真思考的同时也渴望表达，课堂往往会处于热烈的讨论和学生渴望表达的状态。这个时候，如果教师贸然打断，可能会打击学生自主学习和思考的积极性；如果不及时结束这样的状态，教学有可能会偏离目标，陷入无序状态。此时教师对当前的现状要有清醒的判断：如果讨论下去是有必要的，有利于学生对文本的深入解读，有助于学生更高层次的思维训练，那就让这种氛围持续一段时间；如果虽然氛围很好，但问题偏离了教学的目标，教师就应该果断叫停，让教学回归主线，回归正常的课堂状态。

七、把问题置于情景中提问

教学实践证明，当学生处于恰当的情景中时，教师提出的问题就更容易引起学生的注意，更容易激发学生思考的动力，更容易达成教学的任务目标。为此，语文课堂上的问题设置应当注意与情景创设的结合，要通过创设适合的情景，激发学生对问题的共鸣。情景的创设有很多的手段，如可以通过视频、音乐和画面实物的展示等方式，营造一种身临其境的氛围，从而激发学生的情感，引发学生思考；也可以通过交代时代背景和讲述作者遭遇把学生迅速带入文本情景中。

例如，在学习《兰亭集序》时，可以通过展示《兰亭集序》书法作品及引述后人对王羲之的评价引发学生对作者的兴趣。在学习《赤壁之战》时，可以播放相关的电影、电视作品片段，把学生置身那个战乱纷争的年代，让学生有一种身临其境的感觉。在讲《实践是检验真理的唯一标准》时，可以通过相关的史料展示"两个凡是"带给当时人们的思想困惑来激发学生对本文的好奇心。情境的创设也不一定非要借助教学辅助手段，教师本身也是课堂情境的主要创造者。教师声情并茂的朗读，对某个问题有见地的阐释，都可以通过师生互动营造良好的教学氛围。这些情景创设的手段和方式，可以让学生进入一种良好的学习状态。

提问技巧是一种教学艺术，它可以营造良好的教学氛围，激发学生学习的兴趣，优化教学的环节，提升教学的质量。提问技巧不是一朝一夕就能掌握的，它需要教师在教学实践中不断地摸索和总结，需要教师不断地学习、借鉴其他优秀教师的经验。一旦掌握了提问的技巧，语文课堂就会锦簇秀发、春意盎然，就会激情澎湃、魅力四射。

第七章　语文课堂教学多媒体辅助手段应用技巧

多媒体是伴随着计算机技术发展而迅速成长起来的一种融合文本、图片、图形、图像、声音、动画和视频等多种信息的交互技术。作为一种先进的教学辅助手段，将其广泛应用到课堂教学中，对于创设良好的教学氛围、激发学生学习兴趣、增大课堂容量、提高课堂效率有着其他教学手段不可替代的作用，它也是教育现代化的重要标志之一。

第一节　目前存在的问题

毋庸置疑，多媒体技术的发展与应用极大促进了语文课堂教学的发展，但在具体的应用过程中，很多语文教师由于受自身教学理念落后、对多媒体教学手段应用不自如、多媒体技术掌握不熟练、多媒体应用方式方法不恰当等因素的影响，还没有把多媒体教学辅助手段提升语文课堂效果的作用充分发挥出来。具体表现如下。

一、过度使用多媒体，挤占了课堂时间，降低了课堂效果

多媒体是一种先进的教学手段，但它毕竟是一种教学辅助手段，既不是教学的主体，也不是教学的主导。过分使用多媒体技术会削弱教师在教

学过程中的作用，浪费过多的课堂时间，不但起不到提高课堂整体效果的作用，还降低了课堂教学的质量。

譬如，很多经典课文被拍成了电影或电视剧，电影或电视剧因为其独特的、多维的表现能力而具有强大的吸引力，远超过单一文字本身的魅力。学习相关课文的时候，适当播放相关的影视片段，让学生置身影视片段所创造的情景中，能营造活跃的课堂氛围，激发学生的学习兴趣。但视频永远不可能代替文字本身，很多教师在课堂教学实践中，一味迎合学生的口味和兴趣，长时间甚至整节课播放影视资料，浪费了过多的课堂学习时间，剥夺了学生通过充分阅读感知文本、解读文本的机会，偏离了语文学习的本质。再如，教师不加选择、不加提炼，把过多的资料和信息放到多媒体课件中，使课堂教学的过程变成了学生阅读课件的过程，学习时间和空间被压缩，学习主体地位被边缘化，沦落为教室和多媒体课件的配合者、附庸者。

二、利用多媒体教学手段逃避教师的责任

多媒体教学手段拥有强大的功能，能够帮助教师实现教学准备和教学目的，但它永远代替不了教师自身在课堂教学中的主导作用。

例如，特殊时期，很多时候我们不得不把正常的课堂教学转为线上教学，线上教学也是用多媒体手段教学的一种方式。在线上教学的扶持方面，教育部、各省市教育部门在教学资源上提供了极大的支持。每个学校、每个学生都可以聆听全国范围优秀教师的讲课，可以使用丰富的学习资料，但最终的效果与正常的线下教学大相径庭。线上教学的实践告诉我们：好的资源再多，多媒体技术再发达，网络授课的效果也比不上教师面对面授课。其最主要的原因就是线上教学限制了教师引导课堂

的主导作用。例如，教师对学生的课堂管理、教师对课堂活动的引导与把控、教师与学生的交流、教师在学生那里应该得到的敬畏等都因为线上教学而受到了制约。

在正常的线下教学过程中，也存在语文教师试图利用多媒体手段逃避自己教学责任的现象。例如，教师播放课文朗诵录音后，就不再展示自己的朗读；教师利用多媒体展示相关资料后，就不再对资料进行解读；教师用多媒体展示了板书后，就不再展示自己的板书等。从表面上看，多媒体手段的展示更规范、更方便，但其效果与教师自己的展示大相径庭。多媒体展示得再好，那是别人的，不能完全契合自己的学生，也不能树立教师在学生心目中的威望。时间久了，学生们会认为，教师是不是因为怕出丑才不敢展示自己，从而影响教师在学生心目中的形象。当教师的形象受损时，其任何教育言行在学生那里产生的效果都会打折扣。谁能相信，一个不敢在学生面前朗读的教师，如何要求学生字正腔圆、声情并茂地朗读；一个不敢展示自己板书的教师如何要求学生字迹工整、规范大方、卷面整洁。教师的自我展示，不仅是给学生做示范，而且也是自身参与教学过程的重要方式，是融洽师生关系的重要手段。多媒体永远是教师教学的一种辅助手段，它是为提升教学效率和质量服务的。

三、过度依赖多媒体让教师丢掉了自己的教学思想

计算机和网络技术的应用让教师备课更加方便，教师可以从网络上下载很多好的资源并通过修改加工后放到自己的课件里面，也可以参考身边优秀教师的优质课件，这就使备课更加容易。有些时候通过复制、粘贴后稍做修改加工，一个课件就做成了。但这样的课件会让教师丢掉自己的教学思想，让自己的课堂成为别人的传话筒，从而让课堂失去了灵魂，失

去了鲜活的生命力。这样的课堂会因为教师在备课过程中对课文没有充分理解和感悟，没有对教学重点难点的科学确定，没有对教学过程和教学活动的精心设计而了无生趣。当面对出乎意料的课堂生成时，教师往往会手足无措、大失方寸，课堂气氛也就会变得尴尬难堪。同时，因为课件大都是别人的，教师对教学活动的细节缺乏必要的预设和精心的安排，在教学活动中也不可能对学生学习的过程及时引领点拨，学生的思维深度和思维品质也就不可能得到充分锻炼和提升，课堂教学效果当然也就会大打折扣。

四、滥用多媒体会绑架课堂教学的过程，剥夺学生学习的自主权

由于计算机和网络的普及，教师备课更加方便。很多教师在备课的过程中，会把大量的信息资料、课堂的教学的步骤环节等都添加到教学课件中。一个课件往往由十几帧幻灯片组成，还连接着大量的视频、音频和其他资源，这就使教学课件呈现出过多、过细的弊端。这样的课件看似提升了课堂的容量，但在实际运用过程中往往会绑架课堂教学的过程，剥夺了学生学习的自主权。因为内容多，展示和阅读花费的时间也更多了。因为环节过多，而教学又对每个步骤都有严格的界定，课堂被绑架了，课堂的灵活性和张力也没有了。学生在课件规定的程序里被动地完成一个又一个任务，自主学习的空间和时间都被剥夺了。当学生失去学习自主权的时候，也就变成了学习的奴隶而不是学习的主人。这样的课堂表面上是现代化技术条件下的先进课堂，而实际上与传统的"填鸭式"教学课堂并无本质区别。稍有不同的是，传统课堂的话语权被教师霸占了，而上述课堂的话语权被教师和多媒体课件共同霸占了。还有更重要的一点，越是过多、过细的课件，

教师对它的依赖性就越强，当突然遇到停电或者设备故障的时候，以及课件不能正常使用的时候，教师教学行为的依靠就没有了，很难保证课堂教学正常进行。

五、多媒体技术掌握不到位，应用不熟练

任何一种教学手段都是一种技术，只有熟练地掌握了这种技术，才能得心应手地应用，才能发挥这种技术的最大效益。多媒体技术也是如此。在现实的教学实践中，部分教师，特别是年龄偏大的教师，教学理念比较传统，不看好多媒体手段应用对教学的促进作用，在多媒体技术的学习上缺乏动力，技术掌握不到位，应用不熟练，在实际教学实践中很难发挥多媒体技术对课堂教学的促进作用。例如，有些教师由于对课件制作软件技术学习不到位，能够掌握的教学软件少，对软件的功能不熟悉或运用不熟练，既不能根据教学目标灵活地选择适合的软件，也不能熟练地应用某个软件的功能。他们制作的课件往往过于简单。在使用过程中，这样的课件既不能激发学生的学习兴趣，也不能充分地实现教学意图，有时候还会因为内容编排错乱，分散学生的注意力，扰乱学生的正常思维。这样的课件是起不到提升课堂教学效率的作用的。此外，还有些教师因为操作技术不熟练，在课件使用过程中出现误操作，又得不到及时修正，导致打乱了正常的课堂教学秩序，浪费了教学时间，甚至造成了教学事故。掌握并能熟练运用多媒体教学技术是使用多媒体手段辅助教学的前提，失去了这个前提，多媒体教学不但起不到提升课堂教学效果的作用，还会降低课堂教学的质量。

第二节　提高多媒体教学效果的策略

一、树立先进的教学理念，掌握并熟练运用多媒体手段

多媒体辅助教学技术是计算机和网络技术迅速发展后出现的一种先进的现代化教学手段，它需要先进的教学理念作支撑。没有先进的教学理念作支撑，没有对教育现代化发展未来的准确预判和展望，就不会充分理解多媒体技术应用对于教学发展的巨大作用，就不会有使用并推动多媒体技术在教学实践中广泛应用的动力。理念是实践的引领，没有实际的教学实践，再好的理念也是空的。这就要求广大语文教师在教学中熟练掌握并充分运用多媒体教学手段，不断提升自己的多媒体制作和应用能力，不断挖掘各种教学软件的潜在功能，发挥其最大效能，提升多媒体课堂教学的质量。一是要熟练地掌握各种教学软件技术，根据不同的教学内容和教学意图选择恰当的教学软件。软件技术的掌握重精、不重多，应以美观、实用为目的。二是要熟练地应用各种教学软件。操作要熟练、准确，避免因为操作不熟练和操作失误而影响软件的使用效果。

二、利用多媒体手段增加课堂容量

课堂容量大小是课堂效率高低和课堂效果好坏的重要标志之一。以往的传统教学因为受到各种技术条件的制约，课堂的容量也受到了制约。多媒体教学手段融入课堂后，扩大课堂容量成了一件轻而易举的事情。这在语文教学中尤其突出，如对作者介绍、写作背景、拓展材料、巩固训练展示等。在过去，展示这些内容只有三个途径：一是教师的板书，二是印刷纸质材料，三是教师口述。因为书写时间和版面的限制，教师能够呈现的内

容有限，上述内容不可能在传统教学中得到完整呈现。印刷成本偏高，受教学经费的限制，这些内容的展示也不可能完全实现。口述不够直观、准确，而且有些内容是不能通过教师口述完成的。多媒体技术的应用轻松解决了这些问题，使过去不可能实现的一些教学活动变得可能，如音频、动画、视频的播放，学生作业的展示等。多媒体手段的应用节省了教学时间，增大了课堂的容量，也为大幅度提升教学效率提供了条件。需要注意的是，课堂的容量也不能无限增大，要根据学生的认知水平和接受能力安排合适的内容。过度增大课堂的容量，会影响课堂的深度，让学生不堪重负，降低学习的兴趣，最终影响课堂效果。

三、利用多媒体创设良好的课堂氛围，提升课堂的教学效率

良好的课堂氛围可以调动学生的情绪，激起他们学习的欲望，从而提升教学效率。创造良好课堂氛围的方式有很多，但多媒体因为其强大的功能显然具有难以比拟的优势，如融合音频、动画、视频、微课程等。

例如，在学习杜甫的《望岳》一诗时，可以播放有关介绍泰山人文和地理景观的图片和微视频，让学生通过图片和视频充分感受作为五岳之首的泰山那雄伟壮阔的风貌，感受它独特的人文景观，感受它在历代帝王和文人墨客心目中不可替代的独特地位，从而激发学生对泰山的浓厚兴趣，激发他们对杜甫《望岳》中所描绘泰山的向往之情。又如在学习《喜看稻菽千重浪》时，可以播放电影、电视剧或纪录片《袁隆平》的相关片段，让学生通过视频了解他崇高的精神品格和敢于质疑权威的宝贵科研精神，从而激发学生对袁隆平的敬仰之情，引领学生带着这种敬仰之情去探究文章中袁隆平的高贵品质。再如，学习王羲之的《兰亭集序》时，可以通过视频或者图片展示王羲之的书法作品，让学生充分了解王羲之的书法在历史

上的崇高地位，激发学生对王羲之的崇拜感和好奇心，借助学生的这种崇拜感和好奇心，引领学生通过学习课文《兰亭集序》去探究王羲之的内心世界。利用多媒体手段可以在短时间激发学生的情绪，将学生带入一个精神饱满、思维活跃的良好学习氛围中，极大地提升课堂学习的效果和质量。需要指出的是，多媒体素材的选择必须与教学内容和教学目的紧密联系，任何与课文本身及教学目的没有关联或关联性不大的多媒体素材，无论多么吸引学生，都是一种无意义的消遣，不能真正起到创造良好学习氛围和提升课堂学习效率的作用。多媒体播放的时间也应该有一定的限制，达到了预期目的就该适可而止，否则会挤占课堂的时间。

四、充分发挥多媒体的展示功能，提升学生作业的批改质量

多媒体具备强大的展示功能，几乎可以把教师想展示的一切都展示出来。例如，平时学生作业或测试中出现的一些共性的错误，教师可以把典型的作业或试卷照相或扫描后在屏幕上清晰地展示给学生，让学生更直观地看到错误到底出在哪里。当然也可以直接在屏幕上修改，把修改的过程展示给学生。这种批改作业的方式类似于过去的面批，面批的效果是作业批改方式里最好的。但过去的面批是一对一，效率不高；现在通过多媒体手段实现了一个人对一个班，提升了效率，也提升了作业批改的整体效果。再如，一些优秀的答案、整洁的卷面，教师可以通过同样的方式展示给学生，让学生清晰地看到优秀的答案到底优秀在哪里，整洁美观的卷面到底是什么样子的。明白了别人的优秀之处，对比自己的不足之处，该如何修改，该如何改进，不用教师说，学生心中就会自有答案了。此外，教师在批改作业或试卷的时候，还可以把批改后的作业或试卷在计算机上存储下来，形成作业库，便于今后对个别学生的学业情况进行系统地分析，以

及对个别需要帮扶的学生的进行"一对一"的指导。可见，把多媒体技术恰当地引入作业批改中，可以大幅度提升批改作业的效率和质量，促进学生的学业发展。

五、利用多媒体技术，提升学生记忆的兴趣和效率

语文学科的很多知识需要学生记忆，记忆是一件很枯燥的事。多媒体技术可以让学生的记忆过程变得更轻松、更有兴趣、更有效率。例如，在学生充分朗读的基础上，教师可以把学生需要记忆的内容制作成课件，通过复制、粘贴和删除等方式，把记忆的内容变成填空题，不断地变更填空的内容，让学生通过反复地填空强化记忆。这样的记忆方式不仅不再枯燥单一，且强度增加了，效率也就提高了。

例如，让学生背诵苏轼的《赤壁赋》时，教师可以把全文复制到计算机上，调整合适的字号，并做好校对工作，然后复制若干份。每一份删节不同的内容，形成若干文本，将其投放到屏幕上，让学生以集体或部分轮流的方式反复诵读并填空。当学生把一屏内容读得很熟的时候，换另一屏继续诵读，填不同的空，直到最后一屏。这种记忆的方式由个人记忆变成了集体记忆，由自由记忆变成了强化记忆，学生的注意力高度集中，记忆的效果自然也就更好。当然，学生每一屏朗读的内容在难度上要有层次感，开始的时候可以删除少量内容，后面删除的内容要逐渐增加，直到只剩下几个提示句为止。但这种记忆的方式有一个缺点，就是忽略了每个学生记忆能力的差异，所以并不是所有的记忆内容都适合采用这种方式。它更适合那些记忆难度大、令大部分学生感到困难的内容。当然，也可以把那些篇幅比较长的内容分解开来，让学生一部分一部分地记忆，以降低记忆难度，减轻学生的心理压力。

六、充分发挥多媒体的共享功能，提升群体的多媒体课堂教学质量

计算机和多媒体技术的发展使教学资源共享变得极为方便。一是每一个教师都可以从网络上下载各种素材，通过选择加工后应用到自己的课件制作中，既能丰富课件的内容，又能提升课件的质量。二是同类学科教师之间可以互相借鉴和交流，借鉴同事课件的长处以改进自己课件的不足。三是可以整合各种教学课件和教学资料形成共享资源库，便于共享和传承。四是多媒体的交互功能使不同地域、不同学校之间的交流学习变得更加方便。为此，广大教师要充分利用这些便利条件，不断提高多媒体教学课件的质量，不断提高多媒体课堂教学应用水平，不断提高自己课堂教学的质量。

其一，学科教研组和备课组要充分利用多媒体的共享功能，发挥集体的智慧打造高质量的共享课件。各学科教师根据共享课件并结合自己的教学特点及学生的学科知识能力精心修改课件，使之成为更适合自己和学生的个性化课件。

其二，各年级学科组要形成共享资源库，资源库可在全校范围内共享，同时要积极借鉴其他年级的资源库，吸收其中的精华为己所用。

其三，要充分利用多媒体的交互共享功能，加强与外部地区和外部学校的交流，扬长避短；同时提高本地区、本学校的多媒体课堂教学应用水平，提升对多媒体的应用质量。

七、多媒体课件的制作宜简不宜繁

需要说明的是，这里的"繁"和前述的增加课堂容量是两个概念。这

里的"宜简不宜繁"指的是课堂教学步骤与环节的呈现方式。以往的教学步骤和环节主要靠教师的板书来呈现，受到条件限制，呈现的内容不能太多，否则会耽误教学的时间。现在多媒体技术的运用，使一切内容的呈现都变得更方便，但同时也导致教学实践中，部分教师在多媒体课件制作和使用过程中，把太多的非必需的内容添加到课件中，使教学课件呈现出"繁"的弊端。例如，现在一些语文教师的课件是这样制作的：导入语；作者作品介绍；写作背景介绍；课标要求；单元教学目标要求；本节课的重点、难点；课堂活动一；课堂活动一要求；课堂活动一答案明确；课堂活动二……课堂练习；拓展活动；课堂小结。课件内容面面俱到，甚至对每一个活动的程序都做了规定。课件本身就给学生一种沉重的压迫感，这种压迫感也削弱了学生学习的激情和兴趣。而且过"繁"的课件，对课堂环节的规定性太多、太死，让学生被动地按照课件要求按部就班地学习，完全剥夺了学生自主学习的权利，不利于学生独立思考，以及探究能力和创新精神的培养，也不符合课标的要求和现代的教育理念。为此，课件的制作和展示宜简不宜繁，每一张、每一帧都应该是必需的。课件在教学环节的设置上要抓"主问题"，围绕探究"主问题"给学生留出必要的思考和交流时间。大的教学活动内容是应该呈现的，但活动的细节和方式不必一一展示。问题是可以呈现的，答案就不必了，因为很多语文学科问题的答案不是唯一的，而且教师要展示的答案未必比学生得出的结论更好。即使答案比学生的好，那也不是学生自己的成果。只要教师做到心中有数，发现学生在认知上的缺点后适当引领就够了。在教学上，教师是一个团队的领队，教师把任务交给学生，至于怎么完成"任务"，教师没有必要做硬性的要求。教师只要及时给学生提供一些建议或引导，帮助他们提升完成任务的效率和质量就可以了。这样的教学理念和模式应该体现在多媒体教学的课件中，而不是让过"繁"的课件限制了这种教学理念和模式发挥其作用。"简"并不是减少课堂的容量，而是通过优化教学模式精简无效环节，为增加课堂容量提供更多的时间。

多媒体辅助课堂教学技术得益于科技的进步，以及计算机与网络技术的迅速发展，而且也必将随着科技的进步和计算机与网络技术的发展而不断发展。"逆水行舟，不进则退"，广大语文教师要深刻认识并充分发挥多媒体手段在课堂教学中的巨大作用，认清教育现代化进程中多媒体辅助课堂教学应用的美好前景，加强学习，不断提升自己的多媒体教学水准，让多媒体技术在课堂教学中发挥更大的作用。

第八章　导入语和结束语的设计技巧

一篇文章讲究"凤头、猪肚、豹尾",即文章的开头要引人入胜,气势磅礴;中间要言之有物,充实饱满;结尾要铿锵有力,画龙点睛。一堂课也是如此,开头要先声夺人,引爆激情;中间要高潮迭起,酣畅淋漓;结束要曲终奏雅,余音袅袅。如果把课堂教学的主体看作"猪肚",那么导入语和结束语作为课堂的开头和结尾,就应该是"凤头""豹尾"。好的导入语和结束语能够营造良好的课堂气氛,提升课堂的效果。那么该如何设计导入语和结束语呢?

第一节　导入语的设计技巧

一、导入语的定义及作用

导入语,即课堂教学的"开场白",是指教师在课堂教学伊始通过某种方式创设一定的情境,让学生带着浓厚的兴趣和饱满的情绪迅速进入良好学习状态的一种教学手段。清代人李渔说:"开卷之初,当以奇句夺目,使之一见而惊,不敢弃去。"❶这句话讲的是文章开头要讲究落笔艺术。同样,语文课堂教学的导入语也应该这样,要起到先声夺人、扣人心弦的作用,将学生的注意力在最短时间内集中到课堂教学上来。著名教育家于漪老师曾

---

❶ (清)李渔. 闲情偶寄[M]. 天津古籍出版社,1996.

说过:"一部交响乐要有摄人心魄的序曲,一出戏要有引人入胜的序幕,一篇文章要有精彩漂亮的开头,课堂教学也是一样。我非常注重抓住教学导语这个容易被人忽视或随意处置的教学环节做文章。这能让学生的思维兴奋起来,迅速进入学习的轨道。"精彩的导入语能够创造良好的教学氛围,极大地调动学生学习的主动性和积极性。

二、导入语设计的误区

就目前语文课堂教学导入语设计的现状而言,还存在一些误区。

一是导入语设计与文本及课堂教学内容缺乏关联性或关联性不大,为导入而导入,不能把学生迅速带入文本的学习中。例如,有的教师到外地讲课,一上课就先对当地的名胜古迹、风土人情及文化传承等进行绘声绘色地描述,以表达对这个地方的热爱。这固然可以拉近教师与学生的距离,但也会把学生带入与课堂内容无关的另外一个情境中去,让部分学生在相当长的一段时间里沉浸其中,不能迅速进入学习状态。再如,有的教师上课前让学生做保健操,为的是调整学生的身体状态,焕发学生的精神。殊不知,学生做完保健操后会不自觉地产生一种疲劳感,不但不能集中精力,甚至可能导致暂时的精神涣散。这样的导入、这样的开场,脱离了教学内容,分散了学生的注意力,不但起不到提高教学效果的目的,甚至还会降低课堂的教学质量。

二是导入语设计过长,占用了太多的教学时间,得不偿失。导入语无非是一个开场白,并不是对课文或文本的深度解读或研究,一般三分钟左右即可,过长就占用了课堂的时间。例如,有的教师在教授《林黛玉进贾府》时,用十二钗的判词导入,把对十二钗的所有判词都展示出来,并且逐个分析她们的命运,足足用了二十分钟。这些内容不是不可以讲,但要点到为止。讲几个与文本有关的，有代表性的就可以了，其他的判词让感兴趣的学生课后探讨即可。一段导入语用了二十分钟，后面的学习任务该如何完成？时间还够吗？再如，有的老师在教授《喜看稻菽千重浪》时，从作者的事迹导入，讲了很多袁隆平的趣事，从袁隆平讲到钟南山，又讲了钟南山的事迹和贡献。没有十几分钟这些内容是讲不完的，但这些内容并不是必要的。这样的导入语设置是教师授课过于随意的表现，也是对课堂、对学生不负责任的表现。

三是导入语设计太平淡，达不到激发学生兴趣、启发学生思考的目的。有些教师把导入语看作课堂教学必不可少的一部分，总觉得没有导入语课堂教学环节就不完整，于是每节课都习惯设置一个导入语。但有些导入语的质量不高，明显起不到营造良好教学氛围的效果，教师言之无物，学生听之索然，导入语也就成了可有可无的内容。这反映了两方面的问题：首先是教师在导入语的设计上没有下足功夫，没有精心地组织语言并合理预设教学情景。其次是对导入语这个教学手段的理解不到位。导入语并不是每堂课所必需的，达不到应有教学效果的导入语不如不要。有些时候，开门见山的教学模式，直接进入课堂学习的教学模式，也是教师课堂教学的一种选择，要比使用那些不成功的导入语要好得多。

三、导入语设计类别

导入语的设置形式和内容并没有特别的规定，但从教学目的和效果、设置角度等方面讲，还是有很多值得我们借鉴的种类和模式。

（一）故事和典故导入

在中华传统历史和文学中，有很多精彩的故事和典故，它们往往在激发励志、情感熏陶、价值观培养方面发挥着积极的作用。它们有时候是作家本身的故事和典故，有时候是与文本中人物有关的故事和典故，有时候是与文本内容相关的故事和典故。教师用这些故事和典故导入，可以拉近学生与文本及作者的距离，引发学生的兴趣，激发学生学习的欲望。

例如，学陶渊明的诗文时，可以用他"不为五斗米折腰"的故事导入；学辛弃疾的词时，可以用他抗金起义或创办飞虎军的故事导入；学李清照的词时，可以用她和丈夫"赌书泼茶"的典故导入；学《谏太宗十思疏》时，可以用魏征犯颜直谏的故事导入。故事或典故具有相对的完整性，本身就可以作为课程资源的一部分。用它导入，既可以拓宽学生的视野，又可以激发学生学习的兴趣，同时还会让学生从这些故事和典故中受到教育。

（二）诗词名句导入

语文课本选入了很多古今中外优秀作家的作品。这些作家大都有很多脍炙人口、流传至今的诗词名句或名言警句，也有很多别人赞美他们的诗句。用这些名句导入，可以激发学生对这些名人的兴趣，让学生迅速地走近作者，从而更好地走近文本。

例如，学习屈原的作品，可以用"路漫漫其修远兮，吾将上下而求索""新沐者必弹冠，新浴者必振衣""长太息以掩涕兮，哀民生之多艰""举世皆浊我独清，众人皆醉我独醒""朝饮木兰之坠露，夕餐秋菊之落英""吾不能变心而从俗兮，故将愁苦而终穷"等名句导入。学李白的诗，可以用"安能摧眉折腰事权贵，使我不得开心颜""长风破浪会有时，直挂云帆济沧海""大鹏一日同风起，扶摇直上九万里""仰天大笑出门去，我辈岂是蓬蒿人""天生我材必有用，千金散尽还复来""抽刀断水水更流，举杯消愁愁更愁"等诗句导入；当然，也可以用余光中赞美李白的"酒入豪肠，七分酿成了月光。余下的三分啸成剑气，绣口一吐，就半个盛唐"导入。学习王维的诗，可以用"大漠孤烟直，长河落日圆""独在异乡为异客，每逢佳节倍思亲""劝君更尽一杯酒，西出阳关无故人""人闲桂花落，夜静春山空""空山不见人，但闻人语响"等诗句导入。学习苏轼的诗词，可以用"腹有诗书气自华""人有悲欢离合，月有阴晴圆缺""人生到处知何似，应似飞鸿踏雪泥""但愿人长久，千里共婵娟"等诗句导入……诗词名句的导入简洁明了，教师易于操作，同时也让学生积累了古代诗文素材，提升了文化素养。

（三）画面、视频和音频的导入

多媒体教学辅助设备的应用，为画面、视频和音频的导入提供了极大的方便。而这种形式的导入往往更直观，更具有感染力、震撼力，能够迅速调动学生的情绪，激发学生学习的兴趣，拉近学生与作者及文本的距离。

例如，《喜看稻菽千重浪》可以用袁隆平戴着草帽稻田追梦的图片导入；《念奴娇·赤壁怀古》可以用电视剧《三国演义》火烧赤壁的视频片段导入；《水调歌头·明月几时有》可用音频《明月几时有》的歌曲导入；《祝福》可用电影《祥林嫂》捐门槛的视频片段导入……用多媒体手段导入的时候，要注意分寸，图片、视频和音频永远代替不了课文本身。图片、视频和音频资料的背后都是制作人对原著的个性化解读，带有明显的主观色彩，不能代表教师和学生自己的理解。对课文的解读还需从文字入手，通过品味文字、赏析文字形成自己的个性化解读。视频资料的播放不宜过长，不能喧宾夺主，挤占过多的课堂学习时间。

（四）用与学生生活息息相关的现实生活经验导入

学生熟悉的现实生活也是课堂导入的一种很好的素材。这种素材贴近学生的生活，贴近学生的生活体验，更容易引起学生的兴趣。

例如，学习《烛之武退秦师》《邹忌讽齐王纳谏》时，可以让学生交流自己在现实生活中劝说别人、向别人推荐自己的建议时，有什么成功的经验，有什么失败的教训。教师可以通过对经验和教训的总结引导学生思考劝谏的方法技巧和语言艺术，激发学生求知的欲望，让学生带着这种欲望去探究文章中高超的劝谏艺术。在学习《装在套子里的人》时，教师可以让学生回顾自己生活中曾经接触过的那些思想保守、顽固专制的人，分析总结他们在言谈举止、思想性格甚至生活习惯上的特点，并思考他们给周围的人带来的影响，进而引出契诃夫小说中具有同类特质的人物——别里科夫，从而导入课文。再如，讲《孔雀东南飞》《小二黑结婚》时，可以让学生思考，在现实生活中有没发现一些落后的婚姻观念，有没有发现家长或家族干涉婚姻自由的现象，有没有发现个别家庭中有家长专制的行为，这些观念和行为导致的后果是什么。通过引导学生对这样一系列与课文内容和主题密切相关的问题的思考，激发学生对此类问题的好奇心，从而带着浓厚的兴趣进入对文本的学习。从学生熟悉的现实生活导入，容易激活学生的生活体验，容易拉近学生与文本的距离，也容易引导学生进行深度思考。

（五）问题导入

所谓问题导入法，是选择一个与课文内容或主旨联系密切的问题向学生发问，以激发学生的好奇心，让学生带着疑问进入对课文的学习。

例如，学习《反对党八股》时，可以引导学生思考对当下网络媒体中碎片文章、注水文章、标题文章的看法，思考其危害性，思考矫正、改进的方法。学习《劝学》时，可以让学生提前思考：是否应该学习？该如何学习？有哪些学习方法？应该具备哪些品质？

又如，在学习《拿来主义》时，可以让学生提前思考"如何看待'洋节'"

"如何看待'韩流'""如何对待国外的先进科技""如何保持文化自信"等问题。问题的设置必须与课文的内容及思想主旨密切联系，必须有利于对课文的解读。问题要有一定的难度，不经过课文的学习，学生则无法解答或解答得不够准确、完美。问题提出后，让学生带着对问题的思考进入文本学习，而不能在文本学习前就在讨论问题的答案上花费太多的时间。课文学习结束后，再去回扣问题、完善结论。

（六）情景渲染导入

根据课文的内容和情感，教师通过组织一段比较有感染力的语言，渲染一种合适的氛围，激发学生的情绪。

例如，在学习《中国人民站起来了》时，教师可以从中国近代史入手，通过对历史事件的描绘，充分表现中国人民近百年在帝国主义侵略、民族剥削与压迫下的苦难卑微现状，以激发学生的爱国热情，从而引导学生充分理解毛主席这篇演讲词的时代意义。学习《县委书记的好榜样——焦裕禄》时，可以通过描绘焦裕禄在兰考工作的一系列场景，表现他为人民鞠躬尽瘁的精神，激发学生对焦裕禄的崇敬之情。情景渲染要求教师有较高的文字组织能力，同时还考验教师语言的感染力、号召力。

（七）释题导入

释题导入即直接从对文章题目的解读入手导入新课。很多文章的题目隐含着很多的知识和信息，对题目的解读本身就是对学生知识水平的一种挑战。这种导入法开门见山，一开始就创设了一种积极、紧张的课堂氛围，便于后面课堂教学活动的开展。

例如，在学习《立在地球边上放号》时，可以用这样几个问题导入："地球边"是哪里？为什么用"地球边"这个词？"放号"是什么意思？有什么样的表达效果？为什么用"立"而不用"站"？再如，学习《林教头风雪山神庙》时，可以这样导入：题目中都包含哪些信息？每条信息分别代表什么？这样设置题目有什么好处？学习《谏太宗十思疏》时，可以通过设置这些问题导入：请同学们给题目划分一下音节，标出停顿处。题目中的"谏"是什么意思？"疏"是什么？它们有什么样的特点？谁谏？谏的对象是谁？谏的内容是什么？释题导入法简洁明快，容易操作，但并不是所有的文章都适合用这种方法。那些知识信息含量少的题目，以及容易理解的题目，都不适合用作导入的素材。

（八）复习导入

复习导入指从回顾复习已经学过的知识、内容入手，引出对新知识、新内容的学习。例如，在学习了《窦娥冤》《雷雨》后，再学习《哈姆莱特》时，我们可以这样导入：本单元是戏剧单元，前面我们学习的《窦娥冤》《雷雨》分别是中国古代戏剧和现代戏剧。通过这两篇戏剧的学习，我们了解了中国古代戏剧和现代戏剧的特点：它们都通过剧中人物的悲情遭遇，表现不同时代戏剧作家对现实的理解，寄托了他们对人生的深切关怀。今天我们再来学习一篇外国戏剧，通过学习来了解一下国外的戏剧又有什么样的特点，国外的戏剧作家对现实、对人生又有怎样的理解。

以上只是导入语设计比较常用的几种方式。实际上，导入语设计的方式还有许多。导入语设计的方法只是手段，我们更应该看重的是导入语在课堂教学中的实际作用。好的导入语不仅能营造良好的教学氛围让学生迅速进入积极的学习状态，而且能起到提纲挈领、温故知新、指引教学、突出学习重点和难点的作用。当然，要设计一个理想的导入语并不容易，这需要教师有丰富的知识和经验积累，需要教师有长期教学实践的历练，需要教师在设计过程中煞费心思去推敲琢磨。一旦教师具备了设计高质量导入语的能力，并能把导入语的作用发挥出来，课堂教学就会事半功倍。

四、导入语示例

《赤壁之战》导入语：

同学们，东汉末年，群雄并起。曹操挟天子以令诸侯，迅速统一了黄河流域；然后继续南下，打败了刘备、刘表，占据了荆襄之地；继而率领80万大军，意图渡过大江，侵占东吴的地盘。此时，东吴只有军队3万人，实力悬殊。但最终东吴联刘抗曹，在赤壁这个地方，以少胜多，战胜了曹操的80万军队，创造了军事史上的奇迹。这场战争的过程怎样？为什么孙刘联军最终取得了胜利呢？就让我们带着这些问题一起来学习这个千古经典战例——《赤壁之战》。

《桃花源记》导入语：

同学们，大家熟悉的《射雕英雄传》中，东邪黄药师居住的地方叫桃花岛。那是一个与世隔绝的地方，那里有精致的亭台楼榭，有美丽的桃花，有清高孤傲的黄药师，有憨态可掬的老顽童，当然还有聪明漂亮的黄蓉。那里景美、人美，恍若仙境，让大家充满了向往和憧憬。但大家知道这个仙境般的地方，最早是由谁描绘出来的吗？对，他就是东晋大诗人陶渊明。他笔下的桃花源就是《射雕英雄传》里桃花岛的原型。今天我们就一起来学习他的《桃花源记》，来领略他笔下的桃源之美。

《念奴娇·赤壁怀古》导入语：

同学们，在中国的文学史上一直有"诗庄词媚"之说。"词"这种从它诞生起就被人们称为"诗余"的文学形式，以吟咏风花雪月、缠绵悱恻见长，格调不高，这也大大限制了它的发展。此时，中国文坛的巨匠苏东坡走来了，他以其豪迈之气，以"关西大汉，铜琵琶，铁卓板，唱'大江东去'"的豪放为中国词坛注入了新鲜活力，并为词的发展开辟了崭新的道路。今天，就让我们走近苏轼，走近他的名篇《念奴娇·赤壁怀古》，一起领略他豪迈奔放的风采。

《荷塘月色》导入语：

同学们，有这样一段话："燕子去了，有再来的时候；杨柳枯了，有再青的时候；桃花谢了，有再开的时候。"大家知道这段话的出处吗？对，是朱自清的《匆匆》。我们读朱自清先生的散文，常常会在深情之中感受到一种朴素、典雅、富有诗意的美。今天，我们一起学习朱自清先生的另外一篇散文《荷塘月色》，来感受一下朱先生笔下的荷塘之美、月色之美。

《反对党八股》导入语：

同学们，大家知道八股文吗？它是古代科举制度规定的一种应试文体。八股文的每篇文章都由破题、承题、起讲等八部分构成。八股文最初兴起的时候，是一种比较先进的文章体式，但随着时代的变迁，对八股文形式和内容的规定越来越严格，于是它逐渐成了一种内容空洞、专讲形式的文体，最终被时代抛弃。虽然八股文没有了，但八股文的文风一直存在。这种文风一度影响到抗日战争时期我党的文风。那时候，我党很多干部同志的文章充满了主观主义和宗派主义，内容空洞，形式上装腔作势，严重影响了党的工作作风。为此，毛泽东同志写了《反对党八股》这篇文章来纠正当时的不良文风。下面我们就一起学习《反对党八股》这篇文章。

《拿来主义》导入语：

同学们，随着人类的进步、科技的发展，世界变得越来越小，各国之间的交流越来越频繁。国外在借鉴中国的东西，如高铁、微信、抖音、支付宝、小黄车等，中国也在借鉴外国的东西，如互联网、汽车制造技术、现代企业管理模式等。但在借鉴的同时，国外的一些东西也给中国带来了负面的冲击，如"韩流""洋节"等。面对外国的东西，我们到底该怎么做？早在20世纪30年代，鲁迅先生就写了一篇文章来回答这些问题，这就是今天我们要学习的《拿来主义》。

《望岳》导入语：

同学们，我们山东有"一山、一水、一圣人"，大家知道分别指什么吗？对，"一山"是指泰山，"一水"是指黄河（也有说是指趵突泉），"一圣人"是指孔子。"一山、一水、一圣人"是山东的名片，而泰山又是这张名片里闪亮的一张。泰山是五岳之尊，泰山也是山东的象征。古往今来，有很多文人雅士通过登山赋诗，下山撰文来赞美泰山、歌颂泰山。但有一位大文豪，他并没有登泰山，也写出了赞美泰山的千古名句"会当凌绝顶，一览众山小"。大家知道他是谁吗？对，他就是唐代大诗人杜甫，他写的赞美泰山的诗就是我们今天要学习的《望岳》。

《归去来兮辞》导入语：

有这样一位诗人，他是中国第一位田园诗人，被称为"古今隐逸诗人之宗，大家知道他是谁吗？对，他就是陶渊明。陶渊明是一位很有气节的文人，"不为五斗米折腰"的故事就是出自他。陶渊明的作品以隐逸田园诗著称，代表作有《归园田居》等。除了诗歌，他在散文和辞赋方面也有很高的成就。今天，我们就通过学习他的《归去来兮辞》来领略一下他在辞赋方面高超的艺术水平。

《锦瑟》导入语：

同学们，有这样一首诗，从古至今，没有人敢去为它做注解。对于诗的主题或表达的思想情感，向来也是众说纷纭：有人说它是咏瑟诗，是歌咏"瑟"这种乐器的；有人说是悼亡诗，是在孤独凄凉中思念亡妻的；有人说是政治诗，是来回忆自己坎坷的人生经历的；有人说是爱情诗，是追忆年轻时美好浪漫岁月的；还有人说，它是一首理想诗，是表达对美好愿景的追求的……这首诗至今仍是"千古之谜"。它就是唐代诗人李商隐的《锦瑟》,今天我们就来一起来学习这首诗,一起来探究这个"千古之谜"。

《最后的常春藤叶》导入语:

一片小小的树叶或许并不起眼,可当它出现在特定的时间、特定的地点、特定的环境中的时候,当它沐浴着人性光辉的时候,就能挽救一个人的生命。在美国著名作家欧亨利的小说中就有这样一片树叶。那它到底是一片什么样的树叶呢?就让我们大家带着这个疑问一起学习欧亨利的小说《最后的常春藤叶》。

第二节 结束语的设计技巧

一、结束语的作用

如果说导入语是课堂的开场白,那结束语就是课堂的压轴戏。清代李渔说"终篇之际,当以媚语摄魂,使之执卷留恋,若难遽别"。[1]他讲的就是文章结尾,应该用勾人心魂的语言使读者欲罢不能,不忍放下手中的书卷,仿佛难以突然告别这篇佳作。课堂教学也是如此,好的结束语能起到余音绕梁的作用,让学生感到"课毕思不断、课了情未了",从而对课堂产生一种强烈的依恋感,对下一节课充满强烈的期待。

二、结束语设计和使用方面存在的问题

结束语的设计也是一门艺术,需要掌握一定的方法和技巧。但在目前的语文课堂教学实践中,结束语的设计和使用方面还存在很多问题。

---

[1] 李渔(清).闲情偶寄[M].天津古籍出版社,1996.

当前语文课堂教学在结束语的设计和使用方面存在如下问题。

（一）教师对结束语作用的认识不到位

一些教师认为，相比导入语，结束语的作用有限，再精彩的结束语也意味着课堂教学的结束。依靠结束语创设的情境和氛围，与本节课的教学效益关系不大。同时也认为，一节课的教学时长有很大的偶然性，在很多课堂上教师准备好的任务是完不成的，根本没有机会使用结束语，所以就干脆不准备、不使用结束语。其实，结束语的作用绝不只是创设良好的情境和氛围。它对于巩固知识、激励情感、拓展思维、引发思考、升华课堂效果等方面都有着重要的作用。长期不准备结束语、不使用结束语，实际上是教师的教学设计随意性、粗放性的一种表现，是教师对教学过程缺乏精准掌控能力的一种表现，也是教师惰性的一种表现。不准备结束语，不使用结束语，就永远无法领略结束语的作用。

（二）结束语平淡乏味，缺少激励性

不是所有的结束语都能起到提升课堂效果的作用，平淡乏味的结束语不但起不到任何作用，还会消解学生的情绪，淡化课堂的效果。结束语平淡乏味的原因有很多。首先是教师在结束语的设计上下的功夫不够，没有把它与课堂内容、教学环节和预判的教学情境紧密联系起来，抓不住学生的心。其次是在语言的组织上下的功夫不够，文字粗浅，不利于教师抒发情感，不利于渲染良好的氛围，不利于调动学生的情绪。如果说大部分课堂语言为了便于和学生交流应以口语为主，那么结束语为了调动学生的思维和情绪、升华课堂效果，就应该以优美而且饱含激情的书面语为主。最后是教师的自身的情感不到位。再好的结束语，教师在使用的时候如果情绪不到位，做不到声情并茂，其效果也会大打折扣。

（三）结束语拖沓冗长，不够精练

结束语和导入语一样，不宜过长。结束语毕竟不是课堂的主体，如果设计得过长，就会挤占课堂时间。同时，因为结束语主要以书面语为主，书面语是需要教师背诵的，过长的结束语会给教师带来记忆的负担。如果教师记忆不准确，在使用的过程中就容易"卡壳"。一旦卡壳，就容易成为学生的笑料，结束语所起到的作用也就是负面的了。另外，结束语的作用是为了调动学生的情绪。如果教师的结束语过长，学生的注意力就会分散。一旦学生的注意力分散了，结束语的作用也就不可能达到预期的效果。因此，结束语要短小精悍、简洁精练，一般不要超过三分钟。

（四）结束语太随意，游离于课堂教学内容之外

结束语是课堂教学的升华，必须要紧扣课堂学习内容。任何偏离课堂教学内容的结束语都是无效的，甚至是负面的。笔者在平时的听课过程中曾遇到过这样的现象：有位教师在课堂教学结束后，因为下课时间不到，于是对学生说："我看到同学们都累了，哪位同学讲个小故事让大家轻松一下？"还有一位老师在处理课堂剩余时间时说："同学们，离下课还有一段时间，我们一起做个游戏好不好？"这样的课堂结束语，完全脱离了课堂教学内容，纯粹是在浪费学生的时间。这样狗尾续貂似的结束语，还不如让学生在剩下的时间里总结梳理一下这节课的学习内容。结束语应是课堂教学效果的催化剂，而不应该是稀释剂。

对结束语的作用认识不到位，结束语的设置不严谨、不科学，结束语的使用不规范，都会影响结束语的使用效果，进而影响教师使用结束语的积极性。

三、结束语设计的原则

（一）实效性原则

结束语使用的最终目的是提升课堂教学的效果。如果起不到这个作用，就没有必要使用结束语。而要达到提升课堂效果的作用，教师在组织结束语的过程中，就要对课堂的生成进行充分预判，根据预判的课堂生成准备最适合的结束语。同时，结束语的指向性必须明确，或升华主题，或设置悬念，或培养兴趣，或激发励志，或教育熏染。此外，指向性还必须清楚，要围绕指向的组织内容和语言。没有指向性或指向性不清晰的结束语往往起不到任何作用。

（二）宏阔性原则

所谓宏阔性原则是指教师在组织和使用结束语的时候站位要高、格局要大，要把学生情感的思维带入更广阔的空间，起到拓宽学生视野的作用，以及引发学生从更宽阔、更高远的层级进行深度思考。结束语的使用要直接瞄准培养学生的语文核心素养，瞄准形成学生正确的价值观念，瞄向培养学生积极的人生态度。一般说来，结束语在单位时间内对学生的影响和作用应超过正常的课堂授课。

（三）情感性原则

苏霍姆林斯基指出："情感如同肥沃的土壤，知识的种子就播种在这块土壤上。"[1] 结束语的使用也应该遵循情感性原则。教师在结束语的使用过程中应善于运用形象生动的语言声情并茂地感染学生、激励学生，让学生在

---

[1] 苏霍姆林斯基. 帕夫雷什中学 [M]. 1969.

教师的情绪感染下，精神受到鼓舞，情感受到熏陶，心灵得到净化。充满感情的课堂结束语，对于培养学生的认知能力、发展学生的智力、磨练学生的意志、提高学生的思想认识，都有着重要的作用。也只有充满情感的结束语才会产生"余音绕梁，三日不绝"的后续效果，让学生喜欢上教师，喜欢上课程，喜欢上学习。

（四）照应性原则

照应性原则主要针对的是在课堂之初或课堂之中，教师为了设置悬念、激发学生兴趣或疑问而提出的那些问题。由于当时学生对文本的理解还没有达到相应的深度，解决这些问题的时机还未成熟，这些问题当时未能得到解决。对于这些悬而未决的问题，如果教师后期又没有采用其他的方式交代，那么在结束语中必须进行解决，以保证课堂教学的完整性。这些问题的设置往往有一定的深度和难度，问题的解决也往往是对课文思想内容、情感主旨的深入和升华，以此作为结束语的组成部分也是非常合适的。如果教师有始无终，在没有处理这些问题的情况下，以其他的方式结束课堂，原来的提问没有下文，就会给学生造成困惑，让学生怀疑教师的严谨性和责任感，课堂的整体效果也会受到影响。

四、结束语的类别

（一）总结升华式

总结升华式的结束语就是简略地总结课堂的学习内容，强调重点或难点，对其进行拓展和升华。例如，《荷塘月色》的结束语可以这样设计：

同学们，通过这节课的学习，我领略了朱自清笔下的荷塘之美、月色之美，同时我们还学到了很多景物描写的方法和技巧。那请问同学们，朱自清笔下的景物为什么如此之美，美得让人迷恋、让人心醉呢？这源于他深厚的文化底蕴，得益于他各种表达技巧的恰当运用。但更重要的原因是，他有一双善于发现美的眼睛，有一颗善于感受美的心。希望同学们在以后的学习和生活中，也要练就一双善于发现美的眼睛，拥有一颗善于感受美的心，这样我们将来生活的世界里将处处是荷塘月色、月色荷塘。

这段结束语最前面是对文章景物之美的简略概括，接着是对文章的重点——写作技巧的强调，后面则是拓展升华：拓展到挖掘朱自清善良美好的心灵和积极的人生态度上，升华到对学生正确世界观和乐观人生态度的引导和培养上。这段结束语有温度，更有高度。再如，《赤壁之战》的结束语可以这样设计：

同学们，赤壁之战是我国乃至世界军事史上的经典战例。孙刘联军之所以取胜，是因为他们在战前对敌我态势做了准确而详细的分析，所谓"知己知彼，百战不殆"，胜利永远属于那些做好了准备的人。希望同学们也做一个善于准备的人，在学习中、生活中乃至未来的工作中，时刻准备着，这样我们才会在将来的各种竞争中立于不败之地。

（二）设置悬念式

评书人在每个章回内容结束后常常会说这样一句话："欲知后事如何，且听下回分解。"这就是一种典型的设置悬念式的结束语。这样的结束语会给听书人留下悬念，使他们产生期待。我们的语文课堂也完全可以借鉴。这种方式特别适合那些需要几个课时才能学完的篇幅比较长的文章。例如，在学习《祝福》时，当学习到某个环节就要结束时，我们可以根据内容安排设计以下结束语：

这节课我们探究了小说的主要人物祥林嫂，了解了她的身世，分析了她的性格，知道了她的故事，并且通过对祥林嫂的外貌描写及语言描写探究了她的生存状态和心理变化。最后祥林嫂死了，那她是怎样死的呢？是谁害死了她呢？请同学们课后思考这些问题，下一节课我们将一起探究这些问题。

还可以这样设计：

同学们，这节课我们分析了祥林嫂的死因，明确了表面上是她的婆家、四叔、柳妈甚至小说中的"我"等人害死了祥林嫂，但本质上是封建宗法制度、迷信思想和封建礼教害死了她，这也是小说要表现的主题之一。但要揭示这样的主题，祥林嫂就非死不可吗？是否还可以选择其他的方式来揭示主题？如果安排祥林嫂不死仍然有其他的方式来揭示主题，那为什么还要安排祥林嫂死了呢？如果大家想知道这些问题的答案，请同学们课后思考这些问题，下节课我们将一起讨论这些问题。

设置悬念式的结束语可以引发学生的思考，还会促使学生在课后自觉地研读课文，深入地研究课文。需要注意的一点是，悬念设置上要有一定的难度。如果是学生很容易就能短时间解决的问题，就不能激发学生挑战的欲望，这种结束语的作用也就大大降低了。

（三）拓展延伸式

拓展延伸式是指在学生充分理解文本的基础上，紧密联系文本的思想、情感和主旨等，适度拓展知识和内容，开阔学生的视野，让学生的思维训练和情感熏染在更广阔的空间里得到锻炼。拓展延伸的方式有很多种类。

第一，相似文本拓展法。例如，学习陶渊明的《归去来兮辞》后，为了深化学生对陶渊明厌恶官场黑暗、追求自由、追求闲适思想的理解，可以比较阅读他的《归园田居》。通过充分感受他在田园生活中的那种快乐、自由和安逸，学生可以加深对陶渊明的理解。

第二，联系生活拓展法。例如，学习《劝学》后，可以让学生结合课文内容并联系自己的学习和生活，谈谈对学习及学习方法的理解。

第三，文本深入拓展法。例如，学习完《装在套子里的人》后，可以让学生结合对别里科夫这一人物的个性化理解，给别里科夫写一篇100字左右的墓志铭，或者给别里科夫拟写一副对联。

拓展延伸式的结束语既要有"拓"，又要有"度"，拓展必须是建立在学生充分掌握课文内容基础之上的拓展。如果文本学习还不到位，就急于拓展延伸，那就是喧宾夺主、舍本逐末了。于漪老师说："离开文本去过度发挥，语文学习就会打水漂。"说的就是这样的现象。

（四）因势利导式的结束语

因势利导式的结束语是指教师根据课堂生成，因势利导，对课堂生成进行总结、引导和深化，并以此作为课堂结束语。这种结束语往往不是教师预先准备的，它是特定的课堂情景、课堂氛围成就的一种课堂生成。这种结束语对于教师的学识素养、应变能力都是一种挑战，这种结束语因势而成，往往会收到意想不到的效果。例如，在学习《雷雨》时，在课堂最后，教师可以组织学生讨论对周朴园这一人物的看法。有位学生说：

大家都觉得周朴园始乱终弃、虚伪冷酷、道德败坏，我倒是觉得周朴园并不是一个坏人。当初周朴园和鲁侍萍谈恋爱，本身就是对封建等级制度的抗争，是追求自由恋爱的一种体现。至于后来抛弃鲁侍萍，并不是他的本意，而是家族逼迫的结果。在那样的封建家庭里，他是无力抗争的，抗争也改变不了什么。所以，在这点上他没有过错。鲁侍萍走后，他的房间里保持着原来的摆设，甚至他也保持着和鲁侍萍在一起时的生活习惯。这说明他是一个念旧的人，一个重感情的人，一个有良心的人。至于再见到鲁侍萍，他怀疑鲁侍萍来找他是为了钱，也可以理解。因为毕竟过了三十年，人是有变化的，这种猜疑也是人之常情。后来知道鲁侍萍不是为了钱，相遇只是偶然后，他依然不接受鲁侍萍，也是有充足理由的。因为假如他接受了鲁侍萍，他将如何面对他的家庭，他的妻子，他的儿子，以及周边的人？真接受了鲁侍萍，也是一个死局。所以，不接受鲁侍萍正表现了他的清醒与理智。综上所述，周朴园并不是一个坏人。

这位学生的回答有理有据，观点新颖，表现了他严密的思维逻辑和大胆的怀疑精神，也赢得了学生的热烈掌声。这个时候，马上要下课了，没有时间再对这个问题及这个学生的答案进行讨论了，教师收回了话语权并结束课堂：

这位同学的发言赢得了同学们热烈的掌声，老师认为他的成功至少有三个方面的原因：一是他的观点鲜明而新颖，二是他的论据足够充分，三是他不落窠臼的怀疑精神。同学们，有一千个读者，就有一千个哈姆雷特。同样，有一千个读者，就有一千个周朴园；有一千个鲁侍萍，一千个周萍。这就是文学的魅力，这就是戏剧的魅力。至于周朴园是不是一个坏人，我们下节课继续探讨，我们也听一听其他同学的意见。同学们，90年前，23岁的曹禺在清华大学图书馆写出了惊世之作《雷雨》，他对人物的精确把握，对现实社会的深刻认知，远远超出了他当时年龄的认知，这就是曹禺的伟大之处。曹禺的伟大也成就了《雷雨》的伟大。一个伟大的作者，一部伟大的作品，难道不值得我们去阅读、去品味吗？希望同学们课后阅读曹禺的《雷雨》全本，有兴趣的还可以阅读他的《日出》《北京人》。当然，也希望同学们阅读的时候，也像刚才这位同学一样，带着发现的眼光，带着个性化的精神，带着自己的思考与感悟，去和作者对话，去和作品对话。下课。

这样针对课堂生成、因势利导的结束语，可以极大地培养学生学习语文的兴趣，可以极大地提升学生阅读的品质。效果超越了课堂，延伸到了课堂之外。

（五）思维发散式的结束语

思维发散式的结束语是指在学生充分把握文本内容的基础上，教师根据文本的内容、主旨、思想情感等，设置能够提升学生思维品质的思考题，引导学生进行发散性思维，拓展学生的思维广度，增强学生思维深度的结束语。例如，在学习《念奴娇·赤壁怀古》时，在课堂结束的时候，教师可以提出这样的问题：

同学们，这首词的最后一句是"故国神游，多情应笑我，早生华发，人生如梦，一尊还酹江月"。有人认为这表现了作者消极的人生态度，也有人认为这正是作者洒脱乐观的人生态度的体现。你怎么看？请同学们课下思考这个问题。

譬如，在学习《庖丁解牛》时，可以这样设置结束语：

通过这节课的学习，我们知道，想要达到对事物深刻、细致的了解，就必须看清楚事物的基本规律。只有看清楚了事物的规律，才能充分利用事物的规律，让规律服务我们的生活。但欧阳修的《卖油翁》中有这样一句话，"我亦无他，唯手熟耳"，用一个"手熟"来抹杀陈康肃公善射的本领。那到底是掌握规律重要，还是"熟"重要？你怎么看？请在课后思考这个问题，并整理你的理由。

再如，在学习茹志鹃的《百合花》时，结束语可以这样设置：

今天我们学习了茹志鹃的《百合花》，我们分析了主要人物的形象，探讨了题目的象征意义，探究了小说歌颂至善、至美的人性的主题。同学们，老师发现，小说中的人物"通讯员""新媳妇"，在个人形象上都给人以美的感觉，如小媳妇的漂亮，通讯员的英俊。请大家思考，作者为什么在人物塑造上，不管是男人还是女人，在形象上都给人以美的感受？作者为什么这样刻画小说中的人物？

再如，在学习《陈情表》时，可以用这样的结束语：

李密的这篇《陈情表》可谓情深意切，忠孝两全。面对如此动人的陈情，假如你作为陈情的对象晋武帝，将如何处对待李密呢？请同学们课后思考这个问题。

通过这样的发散式的问题，让学生学会从不同的角度思考问题，让学生从超越文本本身去思考问题，容易拓展学生思维的广度和深度，从而提升学生思维的整体品质。

（六）练笔式的结束语

这是语文教师在日常课堂教学实践中常用的一种结束语。它对深化课文理解、延伸课文主题、升华课文情感等方面有着积极的作用。例如，在学习《青蒿素：人类征服疾病的一小步》《心坎稻菽千重浪》时，可以设置这样的结束语：

假如你是屠呦呦，假如你是袁隆平，假如你正在参加一场科学会议，会议主持人希望你对在座的科学家提出些忠告和建议，你会怎么说？

例如，我们在学习《哈姆雷特》时，可以设置这样的结束语：

假如你是哈姆雷特，假如你复活了，你会向家人和周围的人说些什么？

例如，我们在学习《祝福》时，可以设置这样的结束语：

假如你是祥林嫂，假如祥林嫂识字，假如祥林嫂要写一封遗书，你觉得遗书应该怎么写？

例如，在学习《拿来主义》时，可以设计这样的结束语：

假如你是鲁迅，假如鲁迅今天还活着，面对外来文化的冲击，你会提出什么样的建议？

这样的结束语，紧扣文本本身，能够引导学生回顾文本，对文本进行更深入的解读和思考。同时，问题的回答也是对文本本身个性化的解读，对拓展学生的思维、培养学生的创新意识有重要的作用。

（七）诵读式的结束语

诵读式的结束语是指以诵读的方式结束课堂教学，可以是教师声情并茂地诵读，可以是学生集体诵读，也可以是师生集体诵读或让学生尝试背诵。诵读式的结束语最适合诗歌或散文的教学。语文课堂必须充满读书声，即使课堂结束，也可以采用诵读的方式。诵读结束法必须建立在对文本的学习充分到位的基础之上。诵读式的结束语可以提振学生的士气，活跃课堂的氛围，加深对文本的理解。诵读内容选择的应该是文章中最精华的段落，而且有很强的适读性。篇幅的长短也要合适，太长了容易给学生造成负担，诵读的效果也会打折扣；太短了又给人不过瘾的感觉，学生的情绪刚刚调动起来，诵读已经结束了。很多篇幅比较短的诗歌可以整篇诵读，如《登高》《短歌行》《归园田居》《念奴娇·赤壁怀古》等。其他文本可以选择那些精美适合诵读的段落或片段作为结束语。如果学生对文本的熟悉达到了一定的程度，对于比较重要的内容也完全可以采用尝试背诵的方式结束课堂。

（八）引述名人言论式的结束语

教师也可以将引述名人对作品、作者甚至作品中人物的评价作为课堂结束语或者结束语的组成部分。名人的评价精辟、深刻，具有权威性，更容易得到学生的认可。例如，在学习《阿Q正传》时，可以引述诺贝尔文学奖获得者莫言对《阿Q正传》的评价作为结束语：

我现在也越来越体会到，与其发表十部一般化的作品，不如发表一部比较好的作品。所以我愿意用我全部的作品换鲁迅的一部短篇小说，换他一部《阿Q正传》。如果我能写出一部类似《阿Q正传》的小说，那我愿意把我所有的小说都不要了。

例如，学习《百合花》时，可以借用茅盾对作品成就的评价作为结束语：

《百合花》结构上细致严密，同时富于节奏感。它的人物描写也有特点，人物形象是由淡而浓，好比一个人迎面而来，越近越看得清。最后，不但让人看清了他的外形，也看到了他的内心。它的风格清新俊逸，是一篇结构谨严、没有闲笔的短篇小说，但同时它又富于抒情诗的风味。

学习《陈情表》时，可以引用苏轼的评价作为结束语：

读《出师表》不下泪者，其人必不忠；读《陈情表表》不下泪者，其人必不孝；读《祭十二郎文》不下泪者，其人必不友。

也可以引用《古文观止》的评价：

历叙情事，俱从天真写出，无一字虚言假饰……至性之言，自尔悲恻动人。

还可以引用清代林云铭的评价：

绝世一片至性语，不事雕饰，唯见天真烂漫。

学习《登高》时，可以引用明代胡应麟的评价作为结束语：

一篇之中，句句皆律，一句之中，字字皆律，而实一意贯串，一气呵成。……五十六字，如海底珊瑚，瘦劲难名，深沉莫测，而精光万丈，力量万钧。通章章法、句法、字法，前无昔人，后无来学。

学《春江花月夜》时，可以引用清末王闿运的评价作为结束语：

孤篇横绝，竟为大家。

可以引用闻一多的评价：

诗中的诗，顶峰上的顶峰。

可以引用明代钟惺的评价：

浅浅说去，节节相生，使人伤感，未免有情，自不能读，读不能厌，将春江花月夜五字，炼成一片奇光，分合不得，真化工手。

前面例子主要引用的是对作品的评价，当然也可以引用对作者的评价。例如，学习陶渊明的作品，可以引用朱熹的评价：

渊明诗，人皆说平淡，某看他自豪放，但豪放得来不觉耳。

也可以引用龚自珍的评价：

陶潜酷似卧龙豪，万古浔阳松菊高。莫信诗人竟平淡，二分《梁甫》一分《骚》。

学习王维的诗歌，可以引用苏轼的评价：

味摩诘之诗，诗中有画；观摩诘之画，画中有诗。吴生（道子）虽妙绝，犹以画工论。摩诘得之像外，有如仙翮谢笼樊。

可以引用辛文房的评价：

惟诗入妙品上，画思亦然。至山水平远，云势石色，皆天机所到，非学而能。

可以引用蔡绦的评价：

王摩诘诗，浑厚一段，覆盖古今。但如久隐山林之人，徒成旷淡。

教师也可以引述名人对作品中人物的评价，如学习《念奴娇·赤壁怀古》时，可以借用王朗的"谋无不成，规无不细"，陈寿的"建独断之明，出众人之表，实奇才也"，戴复古的"千载周公瑾，如其在目前。英风挥羽扇，烈火破楼船"等对词中的人物周瑜进行评价。

教师引述名人评价作为结束语，既可以引用一个人的，也可以引用多人的；既可以把引用内容直接作为结束语，也可以把引用内容作为结束语的组成部分。在具体的教学实践中，应结合课堂生成，结合教学的目标，灵活运用。

编筐编篓，重在收口；画龙描凤，难在点睛。如果说导入语是先声夺人，那结束语就是画龙点睛。设计一个好的结束语并不容易，既需要教师丰厚的知识积累，以及长期教学实践的磨练，又需要教师敏锐的课堂把握能力，以及教师的激情和感染力。

五、结束语示例

《我与地坛》结束语：

人的生命是脆弱的，人的一生也不可能永远艳阳高照、一马平川。当挫折、病痛甚至是残疾捉弄你的命运的时候，你将如何选择？那就是要扼住命运的咽喉，绝不向命运屈服。在这点上，贝多芬、海伦·凯勒、张海迪、朱彦夫都为我们做出了榜样。今天学习的史铁生也为我们做出了榜样，命运可以夺去他的双腿，却不能夺走他的意志。勇敢地面对不幸，积极地对待人生，这就是这节课告诉我们的，也是史铁生告诉我们的。

《古都的秋》结束语：

"以我观物，则物皆着我之色彩"，作者笔下的秋天既是冷清的、静寂的，又是美丽的、诗意的。一切美好的景物都在秋天里凋零、陨落，这却恰恰暗合了作者当时的心境。白色恐怖的现实让他感到压抑和苦闷，而这种压抑与苦闷无法宣泄，只能寄情于清秋。"一切景语皆情语"，写秋，更是写自己。寄情于景、情景交融正是本文的一大写作特点。希望同学们在写作中也学习借鉴作者这种高超的写作技巧，用心观察、用意揣摩，化景于情、化物为我，让我们的文字更有情调，让我们的文章更有诗意。

《归去来兮辞》结束语：

同学们，其实陶渊明笔下的田园生活只是他心中的一种理想罢了。而真实的陶渊明回归田园后，生活困顿，食不饱，酒常赊，最后在困顿中死去。

但是，他那种为了保持自己高洁的志趣，不为五斗米折腰的精神，永远值得我们尊敬，他在文学史上的贡献永远值得我们敬仰和崇拜！

《念奴娇·赤壁怀古》结束语：

同学们，这节课我们通过学习苏轼的《念奴娇·赤壁怀古》，了解了豪放词的特点，也了解了苏轼豁达乐观的人生态度。苏轼的思想是复杂的，在他身上，有"齐家治国平天下"的豪情，有"一蓑烟雨任平生"的洒脱，也有"人生如梦，一尊还酹江月"的无奈。儒家的执着、道家的自然与释家的圆融在他身上矛盾而又和谐地交织在一起，这也使他不管遇到什么样的坎坷，总能找到心灵的寄托和排遣的方式。在每个人的生活中，都会遇到沟沟坎坎，都会遭遇各种挫折。我们也要像苏轼那样乐观豁达地去对待它们。我们要坚信，风雨过后是彩虹。

《桃花源记》结束语：

同学们，东晋末年，政权交替，战争频繁，民不聊生。在当时，真实的桃源是不可能存在的。正是因为现实中找不到，所以作者才把他追求美好生活的情感完全寄托在这个虚构的桃花源里。庆幸的是，我们生活在一个和平、安定、和谐和发展的时代，陶渊明的理想在今天终于变成了现实。让我们好好珍惜现在的时代，好好珍惜现在的生活。让我们为了天空更加明净，为了这个社会更加和美，担当起我们应该承担的责任吧！

《最后的常春藤叶》结束语：

同学们，这节课我们通过学习欧亨利《最后的常春藤叶》，知道了苏珊，知道了苏艾，更知道了贝尔曼。贝尔曼以生命为代价完成了最后的杰作，挽救了琼珊。贝尔曼的杰作其实并不是一片普通的常春藤叶子，而是一个生命的新生。让我们集体朗读小说的最后一个段落，作为我们这堂课的结束语，也作为我们对贝尔曼，作为我们对人间真善美最崇高的敬意！

《锦瑟》结束语：

梁启超说过："义山的《锦瑟》讲的什么事，我理会不着。拆开来一句一句叫我解释，我连文义也解不出来。但我觉得它美，读起来令我精神上得到一种新鲜的愉快，须知美是多方面的，美是含有神秘性的。"我们也一样，只要在欣赏这首诗的过程中，放飞了我们的思想，慰藉了我们的想象，丰富了我们的思考，找到了一种精神上的新鲜的愉快，就足够了。这就是我们学习这首诗的目的。

《悼念乔治·桑》结束语：

乔治·桑是一个矮小的女人，却使用了一个男性的笔名。她抽雪茄，饮烈酒，骑骏马，激情澎湃。她的文章像喷射的火山，彰显着不羁和自由，扫荡着世俗与黑暗。雨果说，乔治·桑在我们的时代占有独一无二的地位。她是一位伟大的女性，既有男性的才干，又不失天使的禀赋。她强而有力，又不失温柔，她是我们这个世纪的骄傲，是我们民族的骄傲。我想说，乔治·桑不仅是法兰西的骄傲，也是世界和人类的骄傲。下面我们一起朗读雨果写给乔治·桑的诗，来表达对乔治·桑的崇高敬意：

"死亡，是你生命的休止符。停下来，抖一抖笔墨，飘下高傲与寂寞。美丽，绝不带进坟墓。"

《将进酒》结束语：

同学们，李白是中国伟大的浪漫主义诗人，同时又是一个思想和性格极其复杂的人。他的思想受到儒家、道家的双重影响，一直徘徊在出世和入世之间：得意的时候"仰天大笑出门去，我辈岂是蓬蒿人"；不得意的时候"人生在世不称意，明朝散发弄扁舟"。正因为如此，天才的李白、复杂的李白、诗仙的李白、酒仙的李白，才一直吸引着我们去解读、去崇敬。

第九章 语文课堂的教学设计策略

第一节 课堂教学设计的定义和作用

课堂教学设计是指围绕课堂教学目标，基于学生的学业水平和认知特点，结合教师的教学风格对课堂的教学要素、教学环节、教学手段、学习活动等预先做出的教学方案。教学设计的内容一般包括预习学案、导入语、教学重点与难点、教学手段、教学步骤、教学活动、教学反馈、教学评价、板书设计、教学拓展、结束语和作业布置等。教学设计无须面面俱到，在设计过程中可以根据教学内容和教学目标的需要对上述内容进行适当取舍。教学设计既可以以某个任务群、某个单元、某个知识板块等为单位，又可以以某个章节、某套练习、某套试卷等为单位。一个教学设计既可以包含几个课时，又可以只包含一个课时。

教学设计是教师正常开展教学活动的重要依据和支撑。好的教学设计可以优化教学环节，创造积极的教学氛围，提升课堂的教学效果。作为语文学科，其兼具工具性、人文性、综合性和实践性的特点决定了教学设计的方法、模式等可以有更大的灵活性和更多的选择性。这也使语文课堂教学设计具有更大的丰富性并呈现出个性化的色彩。那么，该如何进行语文课堂教学设计，如何让语文课堂教学设计更科学、更实用、更高效，更好地服务语文课堂教学呢？

第二节　教学设计的策略和技巧

一、好的教学设计需要充足的备课

"凡事预则立，不预则废。"没有精心、充足的备课准备，是做不出科学、实用和高效的教学设计的。

如要制作课文教学设计，首先要对课文有足够全面的把握，要充分把握课文的内容、主旨、思想，要厘清文章结构安排和行文思路，要明确文章的语言特点和艺术风格。如果没有在这些方面下足功夫，教师就很难确定文章的教学重点和难点，很难根据所确定重点和难点设计合适的教学方法和教学活动。其次，要认真研究教参并查阅相关资料，了解作者及写作的背景，了解名家对这篇文章的解读，了解名师在教授这节课时的亮点，博采约取，然后才能形成自己的教学模式和教学思路。此外，教师还要研究课标和单元教学目标，研究课标对此类课文所设定的教学规定，研究课文在单元教学中的地位和作用，并根据课标和单元要求确定课文的教学目标。最后，还必须研究学生的学业水平和个性特点，并据此设计适合学生的教学目标和教学活动。

在制作作文讲评教学设计时，教师首先要精心批改，通过批改了解学生此次作文的基本情况，有哪些亮点，有哪些不足。亮点有无示范性和借鉴性，缺点有无共性，然后确定讲评的重点。教师还要面批，通过面批过程中与学生直接对话，了解学生对自己亮点的心得，了解学生出现错误的认知误区，以便设计出更具针对性的讲评思路。

在练习和试卷讲评时，教师首先要认真批改，通过批改了解学生答题的基本情况，存在的共性问题是什么，出现这些共性问题的原因是什么，是知识不牢的问题，还是答题思路出现了问题。其次，根据这些情况确定哪些问题是需要讲的，哪些问题是不需要讲的，需要讲的问题该从哪些角度讲，讲完后如何巩固反馈等。

充足的备课是进行教学设计的必要准备，只有备课充足了，教师才能站在更高的层面从容、科学地进行教学设计，教学设计才能更适合课标、教材和学生，才能更好地提升课堂教学的质量和效益。

二、好的教学设计应该遵循课标要求并指向语文学科核心素养的要求

语文学科课标是语文学科教学的目标和依据。课标明确提出要培养学生学科核心素养的要求。在不同的学段，课标对学科素养的要求也不同。《普通高中语文课程标准》（2017年版2020年修订）对高中语文学科核心素养的表述是：学科核心素养是学科育人价值的集中体现，是学生通过学科学习而逐步形成的正确价值观、必备品格和关键能力。语文学科核心素养是学生在积极的语言实践活动中积累与构建起来，并在真实的语言运用情境中表现出来的语言能力及品质；是学生在语文学习中获得的语言知识与语言能力，思维方法与思维品质，情感、态度与价值观的综合体现。语文学科核心素养主要包括语言建构与运用、思维发展与提升、审美鉴赏与创造、文化传承与理解这四个方面。❶

为了实现课标要求，并让语文教学指向语文核心素养的培养，语文教师在进行教学设计时要充分把握语文学科工具性、人文性、综合性与实践性的特点。教师不仅要关注语文知识的积累与语文能力的提升，还要关注学生思想情感、思维品质、审美情趣、学习方法的提升，以及学生在生活

---

❶ 中华人民共和国教育部. 普通高中语文课程标准（2017年版2020年修订）[S]. 北京：人民教育出版社，2020：4.

实践中语文运用能力的培养。同时，语文学科还有育人的功能，语文教师在进行教学设计时，还必须关注学生的道德情操、价值观及爱国情怀的培养，努力实现语文教学培养德智体美劳全面发展的社会主义建设者和接班人的育人目标。

三、好的教学设计要注重创设合适的教学情景

教学情景是指教师为了实现一定的教学目标，综合运用各种教学方式和教学手段所营造的一种课堂教学氛围。好的教学情景可以让学生有一种身临其境的沉浸感，有助于集中注意力，有助于调动思维的积极性，有助于理解和把握学习内容，有助于学习效果的提升。为此，教师在进行教学设计时，应把如何创设合适的教学情景作为重要目标之一。

教学情景有大小之分，大的教学情景是指整个课堂的教学氛围。面对不同的教学内容、不同的学习目标，大的教学情景也应该有所不同。例如，在学习那些饱含浓厚情感的课文时，教师要根据课文情感的基调设计相应的情感性教学大情景。例如，《窦娥冤》可以设计沉郁悲愤的教学情景，《荷塘月色》可以设计细腻恬淡的教学情景，《与妻书》可以设计崇敬哀痛的教学情景等。在学习那些论辩性、说理性比较强的课文时，可以设计理性思辨的教学情景。小的教学情景是指在某个学习环节，为解决某个问题时所设计的阶段性教学情景。例如，在戏剧学习时，为了让学生充分理解人物语言与人物性格及内心情感的关系，可以让学生分角色朗读或分角色扮演，让学生置身戏剧冲突的情景中，设身处地地感受人物的内心世界。再如，在学习《屈原列传》时，为了让学生更好地理解屈原的内心世界，可以让学生想象自己就是屈原，自己就站在汨罗江边，然后揣摩屈原当时的心情，写一段屈原的内心独白。教学情境的创设有很多种方式和手段，如靠教师的

语言去创设、靠组织学习活动去创设、靠多媒体等教学辅助手段去创设等。但不论用哪种方式和手段去创设，都必须结合教学内容和教学目标，适合学生的认知水平和个性特点。只有这样创设的教学情节，才能起到提升教学效果的作用。

四、好的教学设计应该注重板书设计

板书是教师在教学过程中通过在黑板上书写文字或符号等向学生传递信息的教学行为。它既是教师必备的教学基本技能，又是教师整体素养和个人形象展示的重要途径。作为一名语文教师，更应该注重板书的设计与书写，因为写字教学也是语文教学的重要任务之一。

但在当下，随着多媒体教学手段的广泛使用，过去很多需要板书形式呈现的内容，都变成以多媒体的形式呈现。语文教师对板书的重视程度越来越低，在板书设计上花费的精力也越来越少。与此同时，板书的量在减少，板书的质在降低，板书的作用在弱化。多媒体教学手段的应用的确给语文教学带来了很大的方便，过去很多没有必要板书又不得不板书的教学内容，现在完全可以用多媒体展示来代替了。这也使语文教师可以腾出更多的精力和时间组织更有意义的教学活动，这是教学的发展与进步。但板书永远是不可能被完全替代的，如板书的长时性、灵活性、参与性、随机性、示范性和直观性等。好的板书及板书设计可以直观、简洁地再现课堂教学环节、过程和教学思路，可以更醒目地呈现教学的重点与难点，可以更方便教师的课堂总结和学生的知识回顾，还可以创设条理、有序的教学环境。为此，语文教师在教学设计时必须关注板书的设计，让板书充分发挥其辅助课堂教学的功能。

一是板书设计要合理布局。相对于其他学科特别是自然学科，语文学科的板书设计更容易实现布局合理。因为很多自然学科的教学需要大量的板演，需要板演的内容也因为教学内容的不同而存在很大差异。很多时候，因为板演内容过多而无法实现布局的合理美观。而语文学科的特点使语文教师在板书内容的选择上可以有更大的灵活性，可以方便地调整书写内容的多少。这也使语文学科的板书更容易实现布局合理和美观的效果。但教师在板书的结构、排列上依然需要精心设计，如哪些是正板书、哪些是副板书、哪些是正标题、哪些是副标题、哪些是对标题的阐释、哪些是重点和难点、哪些是方法和规律等。板书的设计要各安其位，主次分明，要有内在的逻辑。这样的板书设计才工整美观，更有实效性。

二是板书设计要灵活变通。板书的内容不该局限于文字，可以是思维导图，可以是表格，可以是图画或贴图，也可以是以上多种形式的融合。板书的设计要根据教学内容和板书目的灵活变通，让板书既美观大方，又能最大限度实现辅助教学的目的。

三是板书设计要严谨规范。板书是反映教学内容的镜子，是展现教学过程的屏幕，是教师教学引人入胜的导游图，是学生学习过程的拐杖，是开启学生思路的钥匙。❶ 所以，语文教师在板书内容的选择上要深思熟虑。教师要清楚哪些内容应该板书，哪些内容不必要板书，在教学设计时候必须做好预案。板书的设计还必须规范，序号、标点的使用，图、表的绘制，以及文字的书写等都必须符合标准和规定，要充分发挥板书的示范引领作用。

板书设计是语文教师的基本功，而基本功需要在长期教学实践中不断地学习借鉴和提升。这就要求语文教师在平时的教学实践中不断地提升对板书重要性的认知，不断地提高板书设计和书写的能力。只有这样，才能让板书在语文课堂教学中发挥其应有的作用。

---

❶ 王松泉．板书学[M]．上海交通大学出版社，1995．

五、好的教学设计应该重视课堂教学评价

广义的教学评价是指根据教学目标对教学的过程和结果进行评判的一种活动。评价的对象包括教师、学生、教学手段、教学方式和教学活动等。具体到教学设计中，教学评价主要是指对学生的评价。评价内容包括学习任务完成情况、学生课堂表现情况等。合适的课堂评价可以激发学生的学习欲望，提升学生的学习兴趣，端正学生的自我认知，创建公平的课堂竞争氛围，并最终提升课堂的教学效果。这就要求教师在教学设计时，要对课堂评价的标准、评价的方式、评价结果的使用等给予充分的考虑。

语文课堂教学设计是语文教师备课能力的体现，是语文教师课堂教学理念的体现，也是语文教师教学能力和教学方法的体现。能否制作出科学合理的课堂教学设计，在很大程度上决定着课堂教学的成败。为此，广大语文教师必须重视教学设计的作用，掌握教学设计的基本规律和方法，让教学设计在提升课堂教学效果方面发挥更大的作用。

第三节　不同文体的教学设计

好的教学设计要体现课文的文体特征。不同的文体具有不同的特征，语文课堂教学设计要充分尊重和体现这些特征。

一、小说的教学设计

小说的教学设计要紧扣小说的三要素，即人物、情节和环境。

把握小说的情节是教学设计时应该首先关注的问题。小说的情节，是指在小说描写的艺术环境中，基于人物之间的关系及人与环境间的矛盾冲突而产生的一系列事件。把握小说情节的过程也是对小说整体感知的过程，

没有这个过程或这个过程不完整，那么人物形象和环境描写的分析、小说主题的探究就失去了基本支撑。对小说故事情节的把握可以依次从以下几个方面入手。首先是让学生阅读整篇小说（有些课文是节选），了解故事梗概。其次让学生划分故事的开端、发展、高潮和结局（有时还有序幕和尾声）。这个环节中如有倒叙，还可以引导学生探究采用倒叙方式的理由。最后让学生分析小说在情节设置上的特点，让学生明确小说情节的主要线索是什么，有几条线索，各条线索之间的关系是什么，有无设置伏笔和悬念，设置悬念和伏笔的好处是什么？只有让学生充分地把握了小说的情节，对文本的感知有了必要的储备，完成其他的教学任务才能水到渠成。

对小说人物形象的分析与把握，是小说教学设计的核心环节。因为小说往往是借助"真实地再现典型环境中的典型人物"[1]来揭示主题。在小说人物形象研究的设计上，可以有多种方式。一是可以结合学生对小说故事情节的把握及对文本的整体感知，直接让学生思考小说中人物的总体形象，并要求学生从文本中找根据，从具体段落、语句中找根据，引导学生通过小说对人物的肖像、语言、动作和心理描写分析人物性格，通过小说对人物侧面描写和正面描写探究人物性格。二是可以让学生阅读小说中有关人物刻画的相关段落和语句，从这些段落和语句中总结人物形象。

小说的环境描写也是小说教学设计必须关注的内容。因为小说中的人物形象都是在特定的环境中塑造的。特定的环境是小说人物性格与命运形成的土壤。没有对小说环境描写的分析就不可能全面准确地理解小说人物的性格，就不可能理解小说人物的命运。小说的环境描写又分为自然环境描写和社会环境描写。其中，自然环境描写是指对自然景物的描写。自然环境描写的作用有很多，如交代人物活动背景、烘托人物形象、衬托人物

---

[1] 恩格斯.恩格斯致玛·哈克奈斯的信[M]//马克思,恩格斯.马克思恩格斯选集.北京：人民出版社，2012.

性格、暗示人物心理、推动故事情节发展、揭示小说主旨等。有时候一段自然景物的描写兼有几种作用。例如，孙犁的《荷花淀》中有这样一段自然景物描写：

> 要问白洋淀有多少苇地？不知道。每年出多少苇子？不知道。只晓得，每年芦花飘飞苇叶黄的时候，全淀的芦苇收割，垛起垛来，在白洋淀周围的广场上，就成了一条苇子的长城。女人们，在场里院里编着席。编成了多少席？六月里，淀水涨满，有无数的船只，运输银白雪亮的席子出口，不久，各地的城市村庄，就全有了花纹又密、又精致的席子用了。大家争着买："好席子，白洋淀席！"

这段明丽、淳朴的文字不但交代了本文要刻画的群体形象水生嫂们所生活的环境——美丽富饶的水乡，同时也衬托了她们的形象——美丽、纯洁、朴实。这段文字还指向小说的主题，即水生们及水生嫂们积极地参加战争的目的——保卫美丽的家乡及亲人们。再如《林教头风雪山神庙》中有关"雪"的自然景物的描写，不但交代了故事发生的环境，烘托了主人公林冲的心理，还推动了故事情节的发展。

社会环境指对特定的时代背景或人物生活环境的描写，其主要作用是交代故事发生的社会背景，反映当时社会的形态和风俗习惯，暗示人物的思想和性格等。例如，鲁迅《祝福》中有关鲁镇人祝福习俗场景的社会环境描写，主要作用就是表现当时社会的压抑及人民的愚昧麻木。有关鲁四老爷书房摆设的描写主要作用是暗示鲁四老爷的身份及其思想意识。

不管是自然环境描写还是社会环境描写，对于表现人物、揭示主题都有着不可或缺的作用，所以在小说课堂教学设计中必须给予关注，可以通过设置各种各样的教学活动，引导学生对环境描写进行深入分析。

小说的教学设计还必须关注小说的主题。小说主题是作家在小说创作中通过描绘现实生活画面、塑造典型人物形象所要表现的基本思想，也是小说创作的目的所在。小说的情节、人物和环境都是为表现小说的主题服务的，所以引导学生探索小说的主题是小说教学设计重点关注的任务。

小说主旨的探究也可以有多种教学设计。一是可以采取从面到点的方式，即先从分析情节、人物和环境各面入手，再归结到探究小说的主题的点上。二是可以采取从点到面的方式，即让学生直接从探究小说的主题入手，然后引导学生从对小说情节、人物和环境各层面的分析找依据。三是可以找准一个突破点，以点带面。例如，直接从分析小说人物入手探究小说主题，再引导学生从分析情节和环境找依据进行补充。

小说的教学设计既要重视宏观，即分析前面谈到的人物、情节、环境和主题，又要重视微观，即分析到具体的段落、具体的句子、具体的词语、具体的艺术风格和表现手法。

二、散文的教学设计

散文是一种通过综合运用记叙、抒情和议论等方式抒发真情实感、表达思想观点的文学体裁。它最大的特点是"形散而神不散"。散文所谓的"形散"是指它的取材灵活自由，它的组织结构、表现方法多种多样。所谓的"神不散"是指它要表述的思想、观点和情感明确而集中。在散文教学设计过程中，要充分考虑散文的这一特点。

散文教学的第一个环节首先也应该是整体感知，即要引导学生对文本进行充分阅读，通过阅读把握散文的整体内容和结构安排，通过阅读品味散文中作者的思想和情感，在整体感知的基础上，再来探究散文的"形"和"神"。在探究散文的"形"和"神"时，可以有两种选择，一是从"神"入手，二是从"形"入手。

如果是从"神"入手，那就在整体感知的环节直接让学生探究散文要表达的思想、情感或观点，得出初步的结论后，再让学生从文章中找根据：文章中通过哪些叙事、哪些写景、哪些议论、哪些抒情来体现作者的思想、情感或观点，为什么？这些叙事、写景、议论和抒情有什么样的特点？此外还要引导学生从具体的段落、语句、词语并结合表现手法进行分析。如果从"形入手"，那就让学生在整体感知后分析讨论：文章写了哪些内容，哪些是叙事，哪些是写景，哪些是议论，哪些是抒情？作者写这些内容的目的是什么？与作者要表现的思想、情感或观点有什么样的关系？这些叙事、写景、议论和抒情有什么样的特点？此外，还要引导学生从具体的段落、语句、词语并结合表现手法进行分析。

教材中收录的散文往往文字优美，饱含着浓重的情感，所以在对散文进行教学设计时，还要设计各种各样的朗读活动，让学生通过朗读充分感受作者的情感，接受这种情感的熏陶和洗礼，也借此提升学生的朗读能力。散文的教学设计不仅要指向散文"形散而神不散"的特点，还要指向思维品质的训练和赏析能力的提升，同时要做好情感教育、写作教育及审美教育。

例如，在学习《荷塘月色》一文时，教师可以引导学生赏析下面两段：

曲曲折折的荷塘上面，弥望的是田田的叶子。叶子出水很高，像亭亭的舞女的裙。层层的叶子中间，零星地点缀着些白花，有袅娜地开着的，有羞涩地打着朵儿的；正如一粒粒的明珠，又如碧天里的星星，又如刚出浴的美人。微风过处，送来缕缕清香，仿佛远处高楼上渺茫的歌声似的。这时候叶子与花也有一丝的颤动，像闪电一般，霎时传过荷塘的那边去了。叶子本是肩并肩密密地挨着，这便宛然有了一道凝碧的波痕。叶子底下是脉脉的流水，遮住了，不能见一些颜色；而叶子却更见风致了。

月光如流水一般，静静地泻在这一片叶子和花上。薄薄的青雾浮起在荷塘里。叶子和花仿佛在牛乳中洗过一样;又像笼着轻纱的梦。虽然是满月,天上却有一层淡淡的云,所以不能朗照;但我以为这恰是到了好处——酣眠固不可少,小睡也别有风味的。月光是隔了树照过来的,高处丛生的灌木,落下参差的斑驳的黑影;弯弯的杨柳的稀疏的倩影,却又像是画在荷叶上。塘中的月色并不均匀;但光与影有着和谐的旋律,如梵婀玲上奏着的名曲。

教师可以这样进行教学设计和组织学习活动:

教学活动1

请同学们有感情地朗读这两个段落,朗读过程中要读出文段的美感,读出作者的心情,读完以后请同学们展示。

教学活动2

朗读展示与评价。

教学活动3

请同学们再次朗读课文,并思考如下问题:

文中都写了哪些景物,这些景物有什么样的特点,营造了一种什么样的氛围,表达了作者什么样的心情?

教学活动4

学生答案展示;师生讨论、评价并达成共识。

文中主要写了荷叶、荷花、荷香、微风、流水、月光、青雾、淡云和树影等景物。这些景物总的特点是柔和、静谧、温馨、朦胧和雅致;营造了一种安静柔和、温暖清雅而又缠绵悱恻的氛围;表现了作者暂时超脱尘俗、沉醉美景的愉悦心情,但愉悦之中又无法纵情,所以有一种淡淡的哀愁、淡淡的喜悦。

教学活动5

这两段文字不但景物美,语言上也绚烂华丽、字字珠玑,给人以美的享受。请同学们继续朗读这两段文字，找出自己最喜欢的语句推荐给大家，并说出你的理由。

教学活动6

学生1展示：我喜欢"微风过处，送来缕缕清香，仿佛远处高楼上渺茫的歌声似的"这一句。我的理由是，这句话运用了比喻的修辞手法，把荷花的清香比喻成"远处高楼上渺茫的歌声"，"远""高"和"渺茫"恰当地表现了荷香缥缈隐约、断断续续的特点。同时，作者把用鼻子闻的荷香比喻成用耳朵听的歌声，运用了通感的修辞手法，给人以新颖别致的感觉，又准确地利用了两者之间的相似点，巧妙地表现了荷香带给人的美好感受和心灵愉悦。

学生2展示：我喜欢"月光如流水一般，静静地泻在这一片叶子和花上"这一句。把"月光"比喻成"流水"，赋予静止的月光以动感，表现了月光轻柔的质感。同时，作者用一个"泻"字表现了月光照射的酣畅淋漓，也照应了满月、云淡风轻的天气。

……

教师总结：刚才同学们推荐了自己喜欢的句子，并阐明了推荐理由，而且都注重从内容、手法、特点和作用等方面进行赏析，赏析很到位。刚才我们赏析的两个段落呈现出景物美、语言美的特征，给人以美的享受，给人以情感与心灵的熏陶。作者笔下的景物之所以如此之美，一方面得益于作者高超的语言驾驭能力、综合运用各种表现手法，以及作者准确巧妙地使用各种动词和形容词的能力，这些都是我们写作中应该借鉴的；另一方面，还得益于作者有一双善于发现美的眼睛，有一颗善于感受美的心，这也是作者人生观念和人格魅力的体现。希望同学们在以后的生活中，也拥有一双善于发现美的眼睛，拥有一颗善于感受美的心，善于观察，勤于观察，用心灵的美去感受世界的美。这样一来，我们的世界将处处呈现美丽的"荷塘月色"。课后请同学们选择校园中的一处景物,借鉴朱自清在《荷塘月色》中使用的表现手法,写一段五百字左右的文章。

三、诗歌的教学设计

诗歌从年代上划分,分为现代诗和古代诗;从篇幅上划分,分为长篇诗和短篇诗;从体裁上分,又分为古体诗和近体诗,格律诗和自由诗;从内容上划分,又分为抒情诗、叙事诗、咏物诗、送别诗、边塞诗、山水田园诗、怀古诗、咏物诗、悼亡诗、行旅诗、闺怨诗和战争诗等。词作为"诗余",在这里也归于诗歌的范畴。"诗者,志之所之也,在心为志,发言为诗。"❶诗都是抒发志趣、性情,表达思想和意愿的。在诗歌的教学设计中,教师应该牢牢把握"诗言志"这一诗歌的本质特征。诗歌的教学设计要关注以下几个方面。

一是要关注诵读。诗歌的语言凝练而优美,而且带有一种韵律美,如果不设计充分的诵读活动,学生就不可能充分体会诗歌的语言美和韵律美。同时,诗歌往往饱含着作者浓厚的情感,而诵读是对这种情感最直接、最准确的一种把握方式。诵读的方式也可以有很多种,如自由诵读、集体诵读、分组诵读、教师示范诵读、学生个别展示诵读等。在学生的诵读过程中,教师要注意通过指导和评价引导学生准确地把握诗歌的字音、节奏和情感,从而教会学生诵读的方法,提升诵读的水平。诵读也是对诗歌整体感知的过程。通过诵读,学生可以基本了解诗歌的内容,感受诗歌的思想情感。

二是要关注学生对诗歌内容的理解。特别是古典诗歌,诗句本身都是古汉语,包含很多的古汉语实词、虚词、句式及语法现象。如果不能引领

---

❶ 郝敬. 毛诗原解 毛诗序说[M]. 北京:中华书局,2021.

学生掌握这些古汉语知识，学生就不可能准确、全面地把握诗歌的内容。为此，教师在组织朗读活动时，要引导学生通过查看注解、查阅古汉语词典、合作学习等方式，解决并掌握这些古汉语知识。必要的时候，教师也可以通过讲解的方式帮助学生完成那些难以完成的任务。

三是要关注诗歌赏析。诗歌的语言是最精美的语言，教师要设计必要、合理的学习活动，引领学生对全诗、诗句和词语进行赏析。例如，教师带领学生赏析整首诗的结构安排、艺术特色和表现手法，诗歌中的意象、意境；每一联、每一句的手法运用及字、词使用特点等。通过充分赏析诗歌的语言之美，让学生学习诗歌高超的语言技巧。

四是要关注诗歌主题表现的方式。每一首诗都有自己的主题，或表达某种情感，或表达某种思想，或表达某种观点。每一首诗的主题表现方式都不同，教师在教学设计时要引导学生去探究这些表现方式，如叙述、写景、抒情、托物和明志等。既要让学生明确这些表现方式的特点，又要让学生了解这些表现方式使用的技巧与好处。总之，诗歌的教学设计要体现诗歌的特点，"诗的味道"。

四、文言文的教学设计

在语文教材中，随着学段的提升，文言文所占的比重越来越大，文言文教学也成为语文教学的一大任务。文言文教学一般要实现以下几个目标：一是积累古汉语知识，能够阅读浅显的文言文；二是感受中国古代文字之美、语言之美和文章之美；三是通过文言文学习理解并传承中华民族优秀的传统文化。

（一）重视古汉语知识的学习与积累

疏通文字、读懂文本是文言文学习的第一任务。为此，教师在文言文教学伊始，要设置必需的学习任务和学习活动，指导学生掌握古汉语知识，以读懂文章内容。

一是可以采用编制预习学案的方式，把重点的实词、虚词、句子、句式及古汉语语法现象，以预习作业的形式呈现到预习学案中，让学生在预习时通过阅读注释、查阅字典及合作学习等方式，完成预习作业。教师在上课时结合学案批改情况，对学案中发现的共性问题组织学生进行讨论，对其中的难点，教师也可以直接讲授。

二是可以采用课堂小组合作的方式学习古汉语知识。先是学生独立学习，发现问题并解决问题。对不能独立解决的问题，可以让学生提交到学习小组，靠小组合作探究解决这些问题。小组不能解决的，整理出来，提交到课堂上，由教师组织课堂讨论，师生共同解决这些问题。这些环节结束后，教师还可以进行测验，通过测验检查学生古汉语知识的掌握情况，巩固对这些知识的学习成效。

三是可以把课文分解成各个段落，要求学生逐段翻译。在学生翻译的过程中或翻译结束后，由其他学生对翻译情况进行点评，最后教师总结并就其中的重点和难点问题进行强化练习。

不管采用哪种方法学习古汉语知识，最终的目的都是让学生读懂原文并能够准确翻译原文，同时在完成文言文翻译任务的过程中，教师还要指导学生明确文言文翻译的原则，学会文言文翻译的技巧，力求在翻译时做到"信""达""雅"，既要忠实于原文，又要文字通顺、语言规范，还要具备一定的文采。总之，疏通文字、读懂文章是文言文教学的第一任务。如果这个任务解决不好，学生对文本内容的理解就会不到位，对文本的整体感知就不完整。这样一来，后面对文章的赏析、对主旨的挖掘就失去了基础，就达不到预期的学习效果。

（二）重视诵读与背诵

相对于现代文而言，文言文的句式、语法和字词使用习惯等与现代汉语都有很大的差别，这会让学生产生一定的陌生感，这种陌生感也增加了学生学习文言文的难度。要解决这一问题，最好的方式便是让学生充分地朗读和背诵。通过反复地诵读，可以培养学生的文言文语感，熟悉并习惯文言文的节奏、气韵，拉近学生与文言文的距离。教材所收录的文言文都是文质兼美的文章，很多还带有一定的韵律，如歌行体、赋体、离骚体等。这些文章不但具有意蕴美、语言美的特点，还呈现出节奏美、音韵美的特征。而这些美的特征只有通过反复诵读才能充分感受到。诵读文言文的好处还有很多，如诵读的过程也是矫正字音、把握节奏的过程，是明确句读的过程，更是理解文章内容、把握文章思想情感的过程。文言文中还有很多名言名句，当朗读成诵的时候，这些名言名句就自然成为学生知识积累的一个重要组成部分，可以为学生语言应用能力的提升储备素材。

（三）重视语言的品位

相对于现代文，文言文更凝练厚重，更富有诗意，更值得品味与赏析。教师在进行文言文教学设计时，应该重视对文言文语言赏析品味学习活动的设置。活动应该体现民主性和开放性。首先，要让学生通过充分的诵读去发现语言之美；其次，引导学生赏析品味语言之美，不同的学生可以有不同的发现，可以就自己的发现进行品味和赏析。在赏析的过程中，教师要注意赏析方法的引导。例如，可以给学生提供这样的赏析思路：你最喜欢的语句是什么，它的特点是什么，这种特点的好处是什么，它在文章或段落中起到了什么样的作用，你从中得到什么启发？

例如，在赏析白居易的《琵琶行并序》中"间关莺语花底滑，幽咽泉流冰下难"这句时，可以引导学生这样展示自己的赏析：

这句话出自文章第某段，这句话运用了对偶、比喻和拟人等修辞手法。其中的对偶使句式更加整齐，更具音韵美，读起来朗朗上口，更有利于充分表达作者对琵琶女高超弹奏技巧的赞美之情；把琵琶声比喻成黄莺的鸣叫声，突出了琵琶声婉转、清脆和细腻的特点；把琵琶声比喻成泉水的抽泣声，突出了琵琶声压抑、哀怨、凝滞的特点；"幽咽泉水"本来是喻体，在这里运用了拟人的修辞手法，赋予泉水以人的情感特征，更加突出了本体琵琶声饱含忧愁伤感的特点。这两句诗中动词、形容词的使用也非常有特色，"间关莺语花底滑"的"滑"字准确传神地表现了琵琶声柔和、轻快的特点；幽咽泉水冰下难的"难"字准确恰当地表现了琵琶声断断续续、阻塞不通的特点。两句诗表现了两种截然不同的琵琶声，二者形成了鲜明的对比，体现了一种变化之美。这种变化既是声音的变化，也是琵琶女情感的变化，既表现了琵琶女高超的弹奏技巧，又表现了琵琶女复杂的思想情感。这也为后面探究琵琶女的身世做好了铺垫。总之，这两句诗综合运用各种表现手法，准确地使用词语，把琵琶女高超的演奏技术及复杂的内心情感表现得淋漓尽致，体现了作者高超的语言艺术技巧。这也是我们在以后的写作中应该借鉴和学习的。

语言的赏析要细、要准，要具体到字、词、手法；语言的赏析眼界要宽、要高，不仅要分析具体的语句，还要关注其上下句，关注其在整个文段、整篇文章中发挥的作用。这也是教师在指导学生进行语言赏析时要特别交代的。

（四）重视对文化的传承与理解

　　语文教材收录的文言大都文微言大义，凝聚着中华民族的优秀文化传承。对文化的传承与理解是课标所规定的重要语文核心素养，而核心素养的培养又是语文学科教学的重要任务目标。因此，文言文教学要重视对文化的传承与理解，在教学设计中要充分体现。

　　例如，在学习屈原的相关作品时，要引导学生理解并学习他"举世皆浊而我独清"的那份高洁，"众人皆醉而我独醒"的那份清醒，"路漫漫其修远兮，吾将上下而求索"的那份执着，"长太息以掩涕兮，哀民生之多艰"的那份爱民情怀。在学习苏轼的有关作品时，要引导学生理解并感受他"大江东去，浪淘尽"的那份豪放，"诵明月之诗，歌窈窕之章"的那份洒脱，"明月几时有，把酒问青天"的那份旷达。在学习陶渊明的相关作品时，要引导学生充分理解并感受他"少无适俗韵，性本爱丘山"的那份不与世俗同流合污的高洁，"久在樊笼里，复得返自然"的那份自由洒脱，"不为五斗米折腰"的那份浩然正气，"悦亲戚之情话，乐琴书以消忧"的那份潇洒。在学习李白的相关作品时，要引导学生充分理解并感受他"仰天大笑出门去，我辈岂是蓬蒿人""天生我材必有用，千金散尽还复来"的那份自信，"安能摧眉折腰事权贵，使我不得开心颜"的那份高傲，"五花马，千金裘，呼儿将出换美酒"的那份率性。在具体的教学设计中，教师既可以设定通过单个文本探究来解读人物、理解文化传承的学习方式，又可以设定通过多个文本综合比较探究的方式。

　　例如，要探究古人的谈话和劝谏艺术，我们可以把《烛之武退秦师》《邹忌讽齐王纳谏》《触龙说赵太后》三篇文章放到一起来探究，分析文章中主要人物在谈话和劝谏艺术方面的共同特点和个性特点，分析他们劝谏成功的原因。可以这样设计学习活动：

师：《烛之武退秦师》《邹忌讽齐王纳谏》《触龙说赵太后》这三篇文章中所展示的古人那高超的劝谏艺术令人拍案叫绝。能言善辩的烛之武，口若悬河的邹忌，胸有成竹的触龙，都以其杰出的辩才说服了高高在上的一国之主，从而改写了本国的历史：烛之武退秦师挽救了赵国；邹忌讽齐王纳谏使齐国"战胜于朝廷"；触龙说赵太后使赵国在危难之时得到了齐国的援助，从而转危为安。为此，他们都成了历史的功臣，也成为文学史上不朽的艺术形象，他们的成功与他们杰出的说辩才能是分不开的。其才能何在，其说辩技巧何在，其成功的奥妙何在？请同学们阅读这三篇文章，并发表自己的观点。

生：要想说服他人，必须尊重他人。只有尊重他人，才会赢得他人的尊重。只有他人尊重你，才可能听进你的话，才可能接受你的观点。

师：请结合课文，具体谈谈。

生：烛之武对秦伯，邹忌对齐威王，触龙对赵太后，都是毕恭毕敬的。烛之武一口一个"君"，邹忌一口一个"臣"（自称），触龙"病足，曾不能疾走"，却也要"徐趋"而"至而自谢"，每一言每一行无不表现了对对方的尊敬。这种尊敬赢得了对方的好感，从而也为自己的说服工作打好了感情基础。

师：刚才这位同学说得很有道理。只有尊重他人，才能拉近与他人的距离，才能建立一种信任关系。别人只有信任你了，才可能真诚地听你讲话，才有可能接受你的观点。这是劝谏成功的原因之一，那还有其他原因吗？

生：要努力营造一种和谐的谈话气氛。

师：说说你的理由。

生：这一点在《触龙说赵太后》中表现得尤为突出。触龙刚见太后时，"太后盛气而揖之"。在这种情况下，如果触龙开口便谈让长安君为人质的事，很可能陷入太后唾其面的尴尬境地，因为人在生气的时候，是最不理智的，不但难于听取他人的意见，而且很可能把对方当作发泄的对象。精明的触龙早就认识到了这一点，所以，见到太后后，他避而不谈长安君之事，而是顾左右而言他，询问太后的饮食起居，唠起了家常，从而使太后由"盛气而揖之"到"色稍解"，既而"笑曰"，和谐的谈话氛围形成了，自己陈述意见条件的也就成熟了。

师：这位同学的意见很中肯，大家都会有这种感受，即人在生气的时候，是不理智的，是听不进别人的劝说的。要想别人听进去你的话，就必须想办法稳定对方的情绪，让对方冷静下来，然后再创设一种和谐的谈话氛围，这样一来你的话才会在别人那里起作用。这也是触龙能够说服赵太后的重要原因。其他同学还有意见吗？

生：迂回战术。

师：你说的"迂回战术"具体指什么？

生：欲成甲事，先谈乙事，以乙事促成甲事，请君入瓮。

师：可以说得具体一些吗？

生：烛之武的目的是让千里行军至此的秦伯退兵，邹忌意在让"弊甚"的威王接受国人的指责，而触龙则完全是为了让赵太后的爱子到齐国做人质。这些即使是对一般老百姓而言，也是很难接受的，更不用说是一国之主。所以，如果他们在一开始就切入正题，很可能一下子就陷入骑虎难下的僵局，闹不好还会受辱，甚至招致杀身之祸。因此，在谈话开始时，他们对自己此行的目的避而不谈，而是谈一些表面上看来与之不相干的事情：烛之武不谈让秦退兵的事，却大谈秦国的利害得失；邹忌开口谈的是一些闺房私语，触龙则纯粹是拉家常。但在事实上，他们在选择话题时，是煞费苦心的，谈论这些话题，其目的都是为了引出自己真正要谈论的内容，都是为后面的话题服务的。这些话题与后面的话题之间有着密不可分的关系。可用下面的逻辑推理来概括：

如果A，那么B。

AB之间的关系与甲乙之间的关系一样。

所以，如果甲，那么乙。

试以邹忌的言辞为例：

"我是朝廷重臣，地位高，权力大，因此，在家受妻、妾、客蒙蔽很厉害。我与妻、妾、客的关系同国君与各国诸侯、大臣、宫女的关系一样。所以，作为拥有至高无上权力的一国之君，受诸侯、大臣和宫女的蒙蔽更深。"

师：这位同学的观点很精彩，他发现了古人话语中严密的逻辑推理关系。采用迂回战术，从日常生活小事谈起，由日常生活小事中的小道理，引出治国安邦的大道理。这种劝谏艺术以小见大，深入浅出，往往会起到意想不到的效果，容易让人接受。大家还有补充吗？

生：站在对方的立场上，考虑对方的利害得失。

师：谈谈理由。

生：人都是有私心的，人往往先要为自己、为自己的家庭、为自己的小集团考虑。任凭你讲的道理再多，如果对对方没有什么好处，那么对方也是懒得理你的。邹忌与齐威王，触龙与赵太后，他们的立场是基本相同的，都是为国家着想。而烛之武与秦伯应当说是一种彻头彻尾的敌对关系（秦伐郑），利益上是根本冲突的，郑国的利益秦国是不会考虑的。烛之武很清楚这一点，所以他在说服秦伯的时候，避而不谈郑国的利益，而是从秦国的利益出发，站在秦国的立场上来分析郑亡对于秦国的利害，使秦伯认识到郑亡确实对秦有百害而无一利，最终实现了让秦退兵的目的。

师：这位同学说得也很有道理。你要想说服别人，必须站在别人的立场上看问题，分析对方的利害得失。只有让对方觉得接受了你的观点会有收益的时候，对方才会心悦诚服地认可并接受你的观点。

同学们，通过大家的探究分析，我们明确了《烛之武退秦师》《邹忌讽齐王纳谏》《触龙说赵太后》三篇课文中烛之武、邹忌和触龙劝谏成功的原因，也领略了古人高超的谈话艺术和劝谏技巧。那就是要想说服别人，就要尊重别人，站在别人的立场上想问题。同时还要创造和谐的谈话氛围，讲究谈话的技巧，谈话还必须具备严密的逻辑性。只有这样，你的劝说才有可能成功。这些谈话和劝谏艺术不仅适用古人，也适用生活在当代社会的我们。这对我们发表自己的观点、处理各种复杂的人际关系，都有很大的借鉴意义。希望同学们在以后的学习、生活和工作中，以及在与人交往的时候，多研究谈话的技巧，多讲究谈话的策略，这样你与周围的人才会相处得更加和谐。

教材收录的课文还有很多其他文体，如戏剧、议论文、说明文和实用文等，在教学设计时都应该关注这些文体的特征。例如，戏剧要关注戏剧冲突和戏剧语言；议论文要关注论点、论据、论证方法和论证技巧；说明文要关注说明顺序和说明方法等。

第四节 教学设计示例

教学设计示例一：短歌行

教学目标

本节课的教学目标定义为"读诗""品人""悟情怀"，具体内容见表9-1。

表 9-1 《短歌行》的教学目标

课题名称	《短歌行》
教学目标	1.读诗：感情充沛的朗读与背诵 2.品人：感受乱世英雄的政治期许及其博大胸怀与豪迈气魄 3.悟情怀：初步了解曹诗"于悲凉中多有跌宕慷慨之气"的风格
教学重点	1.朗读与背诵 2.感受乱世英雄的政治期许及其胸怀与气魄
教学难点	了解曹诗"于悲凉中多有跌宕慷慨之气"的风格

教学过程

为详细、直观地展现教学的整个过程,本教案把教学过程分为课堂导入和目标呈现、课堂任务具体实施、作业布置、板书设计四个部分进行说明。

一、课堂导入和目标呈现

课堂导入和目标呈现分别从"教师活动""学生活动""设计意图"三个方面进行设计,见表9-2。

表9-2 《短歌行》的课堂导入和目标呈现

教学内容	导入课堂	学习目标
教师活动	东汉末年,是中国历史上的大乱世,也是大争之世(社会动荡、群雄争霸、民不聊生)。白骨露于野,千里无鸡鸣。赤地千里,十室九空。所谓乱世出枭雄,曹操就是那个动荡的时代造就的一代枭雄。今天,我们就一起学习他的《短歌行》,去解密一代枭雄的内心世界	1.读诗:感情充沛的朗读与背诵 2.品人:感受乱世英雄的政治期许及其胸怀与气魄 3.悟情怀:初步了解曹诗"于悲凉中多有跌宕慷慨之气"的风格
学生活动	跟随课堂导语进入课堂情境	齐读教学目标
设计意图	用社会背景导入,把作者放入社会中,便于后面引导学生理解作者丰富的情感	明晰学习任务:读诗、品人、悟情怀

二、课堂任务具体实施

为更好地完成上述三个学习目标,本节课设定了三个课堂任务,帮助学生由浅入深地体会作者的三层忧愁。

任务一:分析第一层"忧"。一忧人生迟暮而雄心未成(见表9-3)。

任务二:分析第二层"忧"。二忧局势未定而贤才难来(见表9-4)。

任务三:分析第三层"忧"。三忧政治家的赤诚无人能懂(见表9-5)。

表 9-3　任务一：一忧人生迟暮而雄心未成

教师活动	1. 读诗歌，正字音，通文义 譬如朝露、青青子衿、呦呦鹿鸣、鼓瑟吹笙、周公吐哺、越陌度阡、枉用相存、山不厌高、海不厌深 2. 引导学生品读第一层次 曹操是逐鹿中原的最强有力的一匹狼，狼的野性让曹操半生杀伐不知疲惫，但这首诗写于赤壁之战前后，于曹操 53 岁半老之时。此时的曹操慷慨赋歌，欲抒何情？ 3. 出师赤壁之战时，曹操军团与孙刘军团主要将领之间的年龄对比 曹操军团主要力量的平均年龄为 50 岁，而孙刘军团中主要力量的平均年龄为 30 岁 年龄的差距也是实力的差距，英雄迟暮，人才匮乏，此为曹操情感的爆发点 4. 曹操忧人生迟暮，但是一个纵横沙场三十年且见惯了生死的武将难道仅仅是担忧死亡的到来吗？请大家结合学过的《观沧海》《龟虽寿》进行思考
学生活动	1. 自由朗读诗歌，正字音，通文意，并借助课下注释理解文中典故 2. 男生齐读第一层次，注意声调与节奏 3. 从年龄对比中感受曹操"去日苦多"的概叹 4. 赤壁之战是新老力量的较量。了解年龄对比后，再读第一层次，体会其中的悲凉之意 5. 回顾《观沧海》《龟虽寿》，从中找出表明曹操"壮心未已"的句子分享给大家
设计意图	初读诗歌，读准字音，明确文意是学习诗歌最基本的要求，也是顺利进行文本深度解读的保证 品读第一层次，为了让学生能从最表面的"去日苦多"思考曹操心中的矛盾点，引入了赤壁之战时军将领年龄的背景资料，结合赤壁之战的结果，让学生更直观地理解曹操此时的"忧思难忘"

表 9-4　任务二：二忧局势未定而贤才难来

教师活动	1. 布置学生齐读诗歌的第二层次、第三层次 2. 提出三个问题，请学生用原文诗句作答 （1）这 16 句中表现曹操的心愿是什么？ （2）若实现心愿，将如何待之？ （3）现实又是怎样的？ 3. 提出讨论问题：群雄割据的乱世，"绕树三匝，何枝可依"指的到底是谁？ 4. 对学生的回答进行总结并讨论"绕树三匝，何枝可依"的可能性 （1）有才之人。群雄逐鹿，谁才是贤主？

续表

教师活动	（2）离乱中的百姓 白骨露于野，千里无鸡鸣。生民百遗一，念之断人肠。乱世之下，谁才能给以"活着"为目标的百姓庇护？ （3）（或许还有）征战半生的自己 山河破碎，百姓流离，贤才不至，英雄年迈，无力感让他失去了精神寄托，到底该何去何从？ "一匡天下，不以兵车"的宏愿还能实现吗？ 曹操之忧有大义，悲凉、跌宕、慷慨，读来令人动容
学生活动	1. 齐读第二层次、第三层次，读出跌宕之感 2. 针对教师提出的三个问题，用原文逐一作答 （1）青青子衿，悠悠我心 （2）呦呦鹿鸣，食野之苹。我有嘉宾，鼓瑟吹笙 越陌度阡，枉用相存。契阔谈䜩，心念旧恩 （3）明明如月，何时可掇？月明星稀，乌鹊南飞；绕树三匝，何枝可依？ 再一次齐读曹操的诚心待客的这些句子，感受曹操的真诚 3. 小组进行讨论交流，分析乱世之中，"绕树三匝，何枝可依"指的到底是谁？讨论后，各抒己见并说明理由
设计意图	这一部分，开始引导学生对"忧"的深层解读。从原文入手更有说服力。在齐读第二层次、第三层次后，提出三个问题，引导学生细解文本，抓住作者的情感与现实之间的龃龉，对比之下更显其忧 设置一个开放性的讨论题目，希望学生能有社会视野，不要仅局限于文字表明。当把时代引入思维视野时，会发现曹孟德不仅忧贤才难来还要忧百姓离乱，更忧征战半生的自己。分析至此，学生才能真切地感受到曹操是一个丰满的人，而不仅是演义小说中的"奸雄"形象

表9-5 任务三：三忧政治家的期许无人能懂

教师活动	1. 引导学生分析最后一个层次 山不厌高，海不厌深。周公吐哺，天下归心。 2. 请同学为大家讲解周公的故事 3. 礼贤下士的人有很多，何以单单选择周公？请学生各抒己见 4. 出示相关资料，并总结学生的发言 （1）周公"一沐三捉发，一饭三吐哺，起以待士，犹恐失天下之贤人" （2）周公辅佐周氏三王，安定天下，稳定政权，这也是曹操的期许，希望自己辅佐汉室以安天下

续表

教师活动	（3）对曹操是"汉贼"的声讨从未停止，也借以体现匡扶汉室，自己绝无代汉自立之心 借周公，表明三层心志：礼贤下士、欲安天下、无代汉之心
学生活动	1. 读最后四句 2. 讲解你所了解的周公的故事，同学之间相互补充完善 3. 结合背景资料，交流讨论教师提出的问题：礼贤下士的人有很多，何以单单选择周公？ 交流讨论之后，自由作答，各抒己见 4. 阅读教师出示的资料，并仔细听教师的总结
设计意图	文章的最后四句，是曹操表明心志的句子。他是枭雄，又是能臣；他既忧自己，又忧百姓，其情感是多层次和多维度的。为了更好地理解这位政治家的期许与真性情，从周公入手，设置上述题目，让学生交流讨论，避免陷入先入为主的判断。只有从诗句入手，客观地分析作者的情感，才能理解文章本质

三、作业布置

作业的布置既要有助于巩固加深对课堂内容的了解，又要关照到课本中"单元研习任务"对学生能力提升的要求。单元学习任务中要求学生学写文学短评，结合"建安文学"布置如下作业，以加深学生对知识和情感的掌握与理解。《短歌行》一课作业布置见表 9-6。

表 9-6 《短歌行》的作业布置

教师活动	《短歌行》是"建安文学"的典型代表。其中，为表其"忧"，其赤诚，其期许，曹操使用了比兴、典故、直抒胸臆等多种手法以抒"跌宕慷慨"之气 试从"文学风骨"的角度，写一则文学短评
学生活动	从"文学风骨"的角度，完成文学短评，体现自己的判断与观点
设计意图	结合"单元研习任务"和诗歌特点，布置此作业。既巩固内容，又锻炼学生的书写能力

四、板书设计

板书设计围绕诗歌的核心情感"忧"字，见图 9-1。

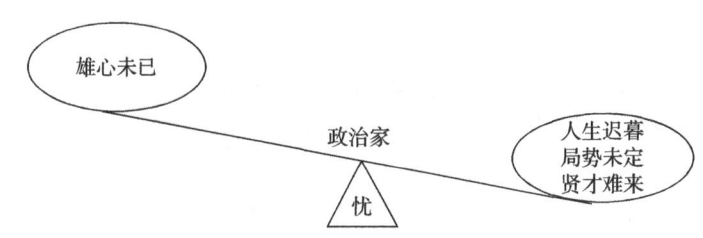

图 9-1 《短歌行》的板书设计

教学阐释

本课的教学阐释将从教材分析、学情分析、教学目标和重难点、教学方法和教学拓展五个方面展开。《短歌行》一课的教学阐释见表 9-7。

表 9-7 《短歌行》的教学阐释

教材分析	《短歌行》是人民教育出版社高一语文必修上册第三单元的第一篇课文。本单元为诗歌单元，单元学习目标：感受诗歌的意境之美，体察诗人对社会与人生的思考，理解诗人的精神境界，提高思想修养和文化品位。 通观这一单元，除了展现不同时代、不同作者、不同风格的作品，还展现了千百年来的中年危机，展现的是悲剧，既有性格悲剧、命运悲剧，也有历史悲剧；展现面对困境，自己与自己不能讲和的时候便会产生影响千年的诗歌。 《短歌行》可谓魏晋文学的顶峰之作，其中流露的曹操对于乱世、人才、百姓的思考，对一统中原、匡扶汉室的执着，对英雄末路的无奈，都是需要分析和体悟的。 学习这篇课文，要注意知人论世，在人物与社会环境共生、互动的关系中分析诗句中体现的博大胸怀和政治高度
学情分析	1. 学生对于曹操的了解仅停留在演义小说中塑造的"奸雄"形象 2. 对于东汉末年的乱世了解不多，加之缺少社会阅历，对影响历史发展的大人物的心胸境界缺少体悟，对历尽波澜的人生中体现出来的沧桑感没有思考
教学目标和重难点	教学目标： 1. 读诗：有节奏、有感情地朗读与背诵 2. 品人：感受乱世英雄的政治期许及其胸怀与气魄 3. 悟情怀：了解曹诗"于悲凉中多有跌宕慷慨之气"的风格 教学重点： 1. 朗读与背诵 2. 感受乱世英雄的政治期许及其胸怀与气魄

教学目标和重难点	教学难点： 了解曹诗"于悲凉中多有跌宕慷慨之气"的风格 设定这三个教学目标是从基本能力素养和学科核心素养的角度出发的，对于诗歌，朗读与背诵是首要的结果性目标；从文字走到文字背后的人，是素养性目标；从感悟作者精神到了解其风格，是发展目标 教学重难点是以培养学科核心素养为出发点，基于对单元目标的细化和落实，同时考虑诗歌文体的特性、时代与人物的特殊性以及具体的学情而设定的
教学方法	诵读法、讨论法、讲授法、任务驱动法 本篇的文体特性，决定了课堂以诵读法贯穿始终，以具体任务驱动，借助讨论法解决主要问题，以教师的讲授进行总结和提升
教学拓展	《短歌行》是"建安文学"的典型代表，其中，为表其"忧"、其赤诚、其期许，曹操使用了比兴、典故、直抒胸臆等多种手法以抒"跌宕慷慨"之气 试从"文学风骨"的角度，写一则文学短评 教材中本单元的单元写作任务为"学写文学短评"，以此为出发点，布置上述作业，既是对单元任务的落实，也是对文章内容的巩固，同时加深对曹操及建安风骨的了解

教学设计示例二：五代史伶官传序

教学目标

本节课的教学目标定义为"品文言""品文章""品文化"，具体内容见表9-8。

表9-8 《五代史伶官传序》的教学目标

课题名称	《五代史伶官传序》
教学目标	1. 品文言：理解文言现象，疏通文言大意 2. 品文章：厘清文章思路，感受裁剪艺术 3. 品文化：挖掘思想之美，体会情理之道
教学重点	理解文言大意，掌握文言实虚词，厘清文章思路
教学难点	感受《新五代史》的裁剪艺术，以及本文的思想与情理

教学过程

为详细、直观地展现教学的整个过程,本教案把教学过程分为课堂导入和目标呈现、课堂任务具体实施、作业布置、板书设计四个部分进行说明。

一、课堂导入和目标呈现

本节课首先借助项羽和常用俗语引出"天命论"在中国历史上的渗透作用,借以引出本文的不同观点;其次出示三个学习目标,明确本节课的学习任务。《五代史伶官传序》一课的课堂导入和目标呈现见表9-9。

表9-9 《五代史伶官传序》的课堂导入和目标呈现

教学内容	导入课堂	学习目标
教师活动	西楚霸王项羽在乌江自刎之前,仰天长叹:"天亡我,非战之罪也。"古往今来,很多帝王将相在面对挫折与失败时,往往把原因归结为天命。我们也经常会说,"谋事在人,成事在天""尽人事听天命" 对于"天命与人事",我们今天听听欧阳修怎么说	学习目标: 1.品文言:理解文言现象,疏通文言大意 2.品文章:厘清文章思路,感受裁剪艺术 3.品文化:挖掘思想之美,体会情理之道
学生活动	跟随老师导语进入课堂情境	学生齐读学习目标
设计意图	借项羽和常用俗语引出"天命论"在中国历史上的渗透作用,借以引出本文的不同观点	明晰学习任务,既要品文言,又要品文章、品文化

二、课堂任务具体实施

为更好地完成上述三个学习目标,本节课设定了四个课堂任务,从解题到品文言,再到品文章、品文化,层层递进,逐步深入。

任务一:解题,从题目获取足够多的信息,借以辅助后面的学习(见表9-10)。

任务二：品文言，掌握文章实词、虚词和重点句子的含义（见表9-11）。

任务三：品文章，从"得天下"与"失天下"的对比，得出盛衰之理（见表9-12）。

任务四：品文化，明确作者"鉴古讽今"的写作意图，并掌握"春秋笔法"。从了解古人寄寓褒贬常用的"春秋笔法"，明确作者的写作意图（见表9-13）。

用学过的文章来佐证"鉴古讽今"的文学传统。

表9-10 任务一：解题

教师活动	1. 从题目中能获取哪些信息？ 2. 五代时期的特点 （学生回答后，补充欧阳修对五代的描述：臣弑其君，子弑其父，仅仅五十三年间，易五姓十三君，而亡国被弑者八） 3. 从题目看，本文与我们学过的传记有什么不同 （补充《旧五代史》《新五代史》的相关信息）
学生活动	1. 学生独立回答：五代史，伶官传，序 2. 战乱不断，政权更迭频繁 3. 为"伶官"作传
设计意图	教会学生从文章题目获取尽可能多的有用信息，以辅助后面的学习

表9-11 任务二：品文言

教师活动	1. 朗读文章，读准字音，读出节奏 2. 强调易错字音： 与尔三矢、众矢之的、盛以锦囊、系燕父子以组、为天下笑（被动） 3. 布置学生小组合作，疏通文言大意，解决文言问题 4. 当堂检测
学生活动	1. 学生自由读课文 2. 在课本上标记易错字音 3. 小组讨论文意，重点字词、陌生字词做好记录 4. 回答老师提问
设计意图	掌握字音、字词、句意是流畅地学习文言文的基础，借助小组的交流讨论，避免课堂过于单调

表 9-12　任务三：品文章

教师活动	1. 请同学再结合课下注释制作一份年事表 2. 详读文本：详读庄宗"得天下"的段落和"失天下"的段落 （1）从得天下的部分，你读到了一个什么样的庄宗形象？ （2）从失天下的部分，你又读到了一个什么样的庄宗形象？ （3）为什么详写得天下部分，略写失天下部分呢？ 3. 庄宗十五年呕心沥血得来的天下，仅三年就身死国灭。这一盛一衰的原因是什么？
学生活动	1. 制作年事表，并用实物展台进行展示。 | 公元 908 年 | 与尔三矢（受命）晋王将终，留下遗命，给了庄宗三支箭 | |---|---| | 公元 913 年 | 系燕父子以组（灭燕） | | 公元 923 年 | 函梁君臣之首（灭梁称帝）他父亲的临终遗言已完成两件 | | 公元 926 年 | 一夫夜呼，乱者四应身死国灭，为天下笑 | 得出结论：唐庄宗得天下用了十五年，失天下仅用了三年 2. 自由朗读唐庄宗"得天下"和"失天下"的语段 3. 请一位同学朗读"得天下"的部分 4. 学生自由发言，概括"得天下"时的庄宗形象 励精图治、身先士卒、冲锋陷阵、所向披靡、意气风发、有势如破竹、横扫天下之气势，有责任、有担当…… 用原文回答："可谓壮哉！" 5. 再一次请同学们齐读，读出唐庄宗此时的"霸气" 6. 读"失天下"的部分，概括此时的庄宗形象，自由发言 狼狈不堪、仓皇失措、溃不成军、悔不当初、失去民心，用原文回答："何其衰也！" 7. 请一位同学再来读"失天下"的部分，可借助语气，语速达到抒情效果 8. 对"一盛一衰"的原因，学生讨论后作答。 （1）得天下难，失天下易 （2）作者借助史料的详略安排，展现不一样的庄宗、不一样的结局，可谓煞费苦心 9. 从文中找出对"盛衰之理"进行分析的句子 （1）《尚书·大禹谟》曰："满招损，谦受益。" （2）忧劳可以兴国，逸豫可以亡身 （3）夫祸患常积于忽微，而智勇多困于所溺，岂独伶人也哉？ 大声读出文章开篇提出的中心观点：呜呼，盛衰之理，虽曰天命，岂非人事哉！
设计意图	借助年事表能更有条理、更直观地呈现唐庄宗的故事，把文言语段的层次性更好地表现出来 借助三个问题，把唐庄宗"得天下"与"失天下"时的不同状态进行对比，并借助原文"可谓壮哉""何其衰也"进行总结 借助详写与略写的比较，一是明确得失天下的难易；二是引导学生思考欧阳修对史料有意安排的目的 总结得出"人事"之说。"人事"之说是《新五代史》的独特之处

表 9-13　任务四：品文化

教师活动	1. 为什么北宋的欧阳修写后唐之事？ 2. 伶官传序：叙述对象为什么不是伶官而是庄宗？
学生活动	1. 回答老师提问：醉翁之意不在酒，在乎北宋之间也 2. 借助小组讨论，回答第二个问题。醉翁之意不在伶，而在宠伶之君也，更在北宋之君也
设计意图	了解古人寓褒贬常用的"春秋笔法"，明确作者的写作意图。用学过的文章来佐证"鉴古讽今"的文学传统

三、作业布置

作业的布置要有助于巩固加深对课堂内容的了解。为加深学生对"人事说"的了解，借助不同历史背景下两位国家领导人对"人事"的重视，布置学生写评论。《五代史伶官传序》一课的作业布置见表 9-14。

表 9-14　《五代史伶官传序》的作业布置

教师活动	1945 年 7 月，毛泽东在延安窑洞与黄炎培等人谈话。当黄炎培提出如何跳出历代王朝"其兴也勃焉，其亡也忽焉"的历史周期率时，毛泽东回答："让人民来监督政府。"2022 年 10 月，在党的二十大报告中，习近平总书记再次强调了"自我革命这一跳出治乱兴衰历史周期率的第二个答案" 这是毛主席与习近平总书记在不同的历史时期，对"自我革命重要性"的表述，从天命与人事的角度，谈谈你的认识
学生活动	结合你对"人事说"的理解，写下自己的独立见解
设计意图	学以致用

四、板书设计（图 9-2）

为更直观表现由盛转衰的原因，板书设计见图 9-2。

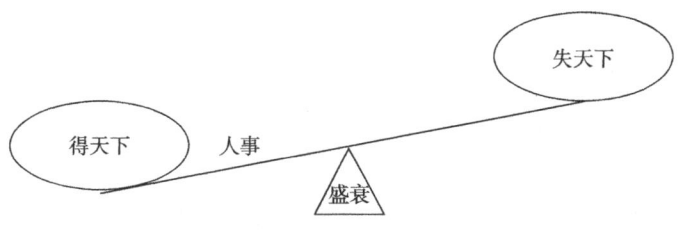

图 9-2　《五代史伶官传序》的板书设计

教学阐释

教学阐释主要侧重教材分析、学情分析、教学目标和重难点、教学方法、教学拓展五个方面，见表9-15。

表9-15 《五代史伶官传序》的教学阐释

教材分析	《五代史伶官传序》是教育部编教材选择性必修中册第三单元的课文。本单元的主要内容是古典传记文学。学习本单元要"回到历史现场"，理解史家笔下的人物，把握论者的观点，领会情怀与担当，鉴赏叙事艺术和说理艺术 此文以散体写史论，意在劝诫，总结历史经验教训，为当时的社会政治服务，其观点至今仍有借鉴价值。文字简洁生动。学此文，要联系作者所处的时代背景，把握文章的主要观点及写作意图
学情分析	在教学中发现以下两个典型学情： 1. 学生对五代十国的历史了解有限，对后唐的了解不多，尤其是理科倾向的学生，需要借助背景资料和注释 2. 本文平实易懂，高二的学生阅读障碍不大，但对于文章的写作意图，借"春秋笔法"鉴古讽今，需教师做好引导。借学过的文章来辅助说明是不错的方法
教学目标和重难点	教学目标： 1. 品文言：理解文言现象，疏通文言大意 2. 品文章：厘清文章思路，感受裁剪艺术 3. 品文化：挖掘思想之美，体会情理之道 教学重点： 理解文言大意，掌握文言实虚词，厘清文章思路 教学难点： 感受《新五代史》的裁剪艺术，以及本文的思想与情理，综合考虑新课标要求、文章的地位和特点、学生的接受情况这三个方面，设定三个由浅入深的教学目标。其中，文言实虚词、文章大意和思路是教学的重点，而对文章的艺术特色和思想深度是相对难理解的，设定为教学难点
教学方法	诵读法、讨论法、讲授法、任务驱动法 以诵读法贯穿始终，以具体任务驱动，借助讨论法解决主要问题，以教师的讲授进行总结和提升 多种方法共同使用，从"一言堂"变成"众议院"，也可避免只有讨论没有升格的问题，师生合作，从现象到本质，从特殊性走向普遍性，抓住作者的写作目的，以及文章的现实意义
教学拓展	1945年7月，毛泽东在延安窑洞和黄炎培等人谈话。当黄炎培提出如何跳出历代王朝"其兴也勃焉，其亡也忽焉"的历史周期率时，毛泽东回答："让人民来监督政府。"2022年10月，在党的二十大报告中，习近平总书记再次强调了"自我革命这一跳出治乱兴衰历史周期率的第二个答案" 针对天命与人事，你有什么感想，请同学们写一下 拓展一段战争岁月与和平年代国家领导人对人民监督十分重视的文字，再次强化"人事"重要性，巩固学生对"人事"重要性的认识

教学设计示例三：记念刘和珍君

教学目标

本节课的教学目标确定为"品文""悟神"，具体内容见表 9-16。

表 9-16 《记念刘和珍君》的教学目标

课题名称	《记念刘和珍君》
教学目标	1. 品文：厘清文章思路，分析人物形象 2. 悟神：学习烈士精神，理解作者写作意图
教学重点	品文章、理脉络、析形象，学习烈士为革命献身的精神
教学难点	理解鲁迅的写作意图： 1. 表达对烈士牺牲的哀痛，抨击敌人 2. 引发人们对烈士牺牲意义的理性思考

教学过程

为详细、直观地展现教学的整个过程，本教案把教学过程分为课堂导入和目标呈现、课堂任务具体实施、作业布置、板书设计四个部分进行说明。

一、课堂导入和目标呈现

本节课，首先，用"三一八"惨案导入课堂，为学生做好情绪铺垫。其次，借助 PPT 和预习资料展示时代背景，让学生更具体、更直观地感受 100 年前的社会现实。最后，出示学习目标，明确本节课的学习任务。《记念刘和珍君》一课的课堂导入和目标呈现见表 9-17。

二、课堂任务具体实施

为更好地完成上述两个学习目标，本节课设定了三个课堂任务，从人物分析到社会分析再到作者意图分析，层层递进。

表 9-17 《记念刘和珍君》的课堂导入和目标呈现

教学内容	课堂导入	时代背景	学习目标
教师活动	1926年3月18日,被鲁迅称为"民国以来最黑暗的一天"。这一天,青年人的遭遇让梁启超、朱自清、林语堂、闻一多等诸多文化名人愤而提笔,这一天到底发生了什么?	1. PPT出示"三一八"惨案图片 2. 借助预习学案上印发的"三一八"背景资料,对惨案中反动势力凶残卑劣、对反动文人的无耻污蔑进行简单讲解	1.品文:厘清文章思路,分析人物形象 2.悟神:学习烈士精神,理解作者的写作意图
学生活动	1.学生作答:三·一八惨案 2.学生讲解自己了解的"三一八"惨案的具体情况	通过图片和老师的讲解,更深入地了解"三一八"惨案	齐读学习目标
设计意图	用背景导入,目的有二:引入本文的写作原因;做好情绪铺垫	更具体、更直观地感受100年前中国革命者们面对的让人心痛的社会现实	明晰学习任务,既要品文,更要悟神

任务一:分析以刘和珍为代表的"为了中国而死的青年"的人物形象和精神品质(见表9-18)。

任务二:分析鲁迅笔下的"非人间",了解当时黑暗的社会(见表9-19)。

任务三:分析作者迟迟下笔的原因,探究作者的写作意图(见表9-20)。

表 9-18 任务一:为了中国而死的青年

教师活动	请大家快读文章,回答下面的问题。 1. 文章记念了刘和珍的哪些事迹?表现了她什么样的品格? 2. 微笑和蔼与勇毅赴死 (1)鲁迅为文惜墨如金,可在本文中却有两处不厌其烦的描写,有生怕言不尽意之感,是哪两处? (2)谨慎细致者如鲁迅,为何把三位女性被害的过程还原得如此详尽?又为什么让"常常微笑着,态度很温和"的细节反复出现? 3. 何为"真的猛士"?
学生活动	1.快读文本,圈点勾画,回答第一个问题 ①预定了《莽原》全年——追求真理 ②反抗广有羽翼的校长——敢于反抗,不为势力所屈 ③虑及母校前途,黯然至于泣下——有远见、有责任感 ④政府门前喋血——勇敢坚强、敢于斗争

学生活动	2. 小组交流讨论后回答问题 ①细致入微地再现三位女性赴死的过程 ②四次使用了几近相同的话"常常微笑着，态度很温和"来描写刘和珍 齐读三位女性被害的过程，分析后回答问题： 再现被害过程，更直接地表现出反动派的凶残，也凸显出三位女性的勇毅果敢，借以表现出作者的万丈怒火 3. 用原文回答"何为真的猛士？"找出相应的句子，大声读出来 真的猛士，敢于直面惨淡的人生，敢于正视淋漓的鲜血。这是怎样的哀痛者和幸福者？ ①敢于直面反动派统治下的黑暗现实 ②敢于斗争和牺牲 ③既是哀痛者也是幸福者
设计意图	厘清文章脉络，借助具体时间，分析人物的性格特点和精神品质，为后面讲"为了中国而死的青年"群像做好铺垫 这样的设计意在让同学们通过被害过程与刘和珍的"微笑和蔼"作对比，明确鲁迅抨击力度，更深刻地了解反动派的凶残和中国青年的铮铮铁骨 让学生明确"真的猛士"内涵丰富，他们敢于反抗，敢于牺牲 他们既为国家的贫弱混乱而哀痛，也为中国而勇于赴死，是为了改变命运而奋斗的幸福者

表 9-19　任务二：非人间——我只觉得我所住的并非人间

教师活动	1. 这"人间"为何被称为"非人间"？ 颠倒黑白的人间是可怕的，进步青年的鲜血和生命被践踏，人间最是无情处。面对这些，鲁迅愤怒到极点 2. 鲁迅在"非人间"的言说 ①"非人间"的未来 ②对国民的激励
学生活动	1. 学生讨论后会问问题 ①四十多个青年的血，洋溢在我的周围（反动派的无辜杀戮） ②所谓学者文人的阴险的论调，尤使我觉得悲哀（反动文人的污蔑中伤） ③庸人们的遗忘、烈士的鲜血"仅使留下淡红的血色和微漠的悲哀"，暂得偷生 大声读出鲁迅的愤怒：惨象，已使我目不忍视了；流言，尤使我耳不忍闻。我还有什么话可说呢？我懂得衰亡民族之所以默无声息的缘由了。沉默呵，沉默呵！不在沉默中爆发，就在沉默中灭亡

	续表
学生活动	2. 交流讨论问题，各抒己见 ①"非人间"的未来 不在沉默中爆发，就在沉默中灭亡 ②对国民的激励 苟活者在淡红的血色中，会依稀看见微茫的希望；真的猛士，将更奋然而前行
设计意图	让学生明白，鲁迅笔下的"人间"，这人间不仅有青年，还有反动势力、反动文人和庸人们，为下面讲解鲁迅的愤怒做好准备 此题目的设置是要让学生感悟鲁迅作为启蒙领袖的社会责任感，即便绝望无助，也要在绝望中给后来者留下奋斗的希望。可结合《祝福》《故乡》等文章的"光明的尾巴"进行拓展

表 9-20　任务三：长歌当哭，必在痛定思痛

教师活动	1. 此文写于 1926 年 4 月 1 日，惨案发生两周后。为何迟迟下笔？ 2. 此文是"后死者的菲薄的祭品"
学生活动	1. 用作者言解作者意，借助原文回答问题 ①忘却的救世主快要降临了吧 ②长歌当哭，是必须在痛定之后的 2. 中国人是善忘的，烈士的鲜血很快就会成为"无恶意的闲人"饭后的谈资，被"有恶意的闲人"作"流言"的种子
设计意图	意在引导学生明确作者迟迟下笔的原因

三、作业布置

作业的布置既要有助于巩固加深对课堂内容的了解，又要关照到课本中"单元研习任务"对学生能力提升的要求。加之课堂时间有限，对本文写作手法和语言没有深入展开，所以设置了用"旁批"的手法和语言进行点评的作业。这样既可加深学生对文章内容的了解，又能对课堂内容有所补充。《记念刘和珍君》一课的作业布置见表 9-21。

表 9-21 《记念刘和珍君》的作业布置

教师活动	鲁迅的这一篇菲薄的祭品,"一字一泪,用血泪写出心坎里的哀痛"。文章的写作手法和语言为情感抒发服务,请用旁批的形式在课本上对此进行点评
学生活动	用"旁批"的形式,完成写作手法、语言、情感的点评
设计意图	结合"单元研习任务"设置此作业,以加深学生对文章情感、语言和鲁迅写作风格的了解

四、板书设计

板书设计侧重表现作者的复杂情感,见图 9-3。

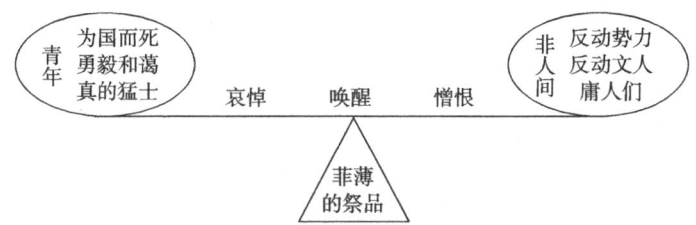

图 9-3 《记念刘和珍君》的板书设计

教学阐释

本课的教学阐释将从教材分析、学情分析、教学目标和重难点、教学方法和教学拓展五个方面展开。《记念刘和珍群》一课的教学阐释见表 9-22。

表 9-22 《记念刘和珍君》的教学阐释

教材分析	《记念刘和珍君》是部编教材选择性必修中册第二单元的第一篇课文。本单元革命文学占多数,展示革命历程,揭示中国革命的意义和对烈士深切的哀痛 此文是写人记事的回忆性散文,意在赞美以刘和珍为代表的"为了中国而死的中国的青年",并表现出对烈士牺牲意义的理性思考。文章抒情直露显豁,汪洋恣肆,一字一泪,用血泪写出了心中的哀痛
学情分析	1. 对"三一八"惨案及烈士牺牲的意义,学生比较容易理解 2. 鲁迅的文章感情真挚饱满,又充满理性。文中对烈士牺牲意义的理性思考,学生很难想到,需要教师进行引领 针对上述学情,用文中的话语对学生进行思路引领,用作者的话解作者之意

续表

教学目标 和重难点	教学目标： 1. 品文：厘清文章思路，分析人物形象 2. 悟神：学习烈士精神，理解作者的写作意图
教学目标 和重难点	教学重点： 品文章、理脉络、析形象，学习烈士为革命献身的精神 教学难点： 理解鲁迅的多重写作意图 综合考虑新课标要求、文章的地位和特点、学生的接受情况这三个方面，设定了两个由浅入深的教学目标：品文、悟神 在教学目标的各个维度上，理解鲁迅的多重写作意图是难点。本文除了表达对烈士牺牲的哀痛，抨击敌人，还能引发人们对烈士牺牲意义的理性思考。这是比较难的
教学方法	诵读法、讨论法、讲授法、任务驱动法 以诵读法贯穿始终，以具体任务驱动，借助讨论法解决主要问题，以教师的讲授进行总结和提升
教学拓展	鲁迅的这一篇菲薄的祭品，"一字一泪，用血泪写出心坎里的哀痛"，本文在写作手法和语言表达上有鲜明的特色，请用旁批的形式在课本上进行点评 本节课重在对内容和思想的挖掘，限于时间关系，对语言和写作手法的关注不多，但语言和写作手法是表现思想的手段。结合单元学习任务，布置批注作业，能够加深对思想的理解

教学设计示例四：祝福

教学目标

本节课的教学目标确定为人物与主题的分析，具体内容见表9-23。

表9-23 《祝福》的教学目标

课题名称	《祝福》
教学目标	1. 分析祥林嫂的生存困境与精神突围 2. 分析"我"的生存困境与精神突围 3. 体会"祝福"大礼中的大悲哀 4. 探寻"批判与彷徨"之意
教学重点	借助外貌、语言、动作、细节和环境，分析主要人物的生存困境和精神突围，以此体会"祝福"大礼中的大悲哀
教学难点	探寻"批判与彷徨"之意

教学过程

为详细、直观地展现教学的整个过程，本教案把教学过程分为课堂导入和目标呈现、课堂任务具体实施、作业布置、板书设计四个部分进行说明。

一、课堂导入和目标呈现

本节课借助社会背景导入，初步引导学生发现鲁镇与整个社会之间的违和，目的是为下面理解"鲁镇是没有希望之光"做铺垫。而学习目标的设定是从人物出发，观照其生存困境与精神突围，借以体会"祝福"大礼中的大悲哀。《祝福》的课堂导入和目标呈现见表9-24。

表 9-24 《祝福》的课堂导入和目标呈现

教学内容	课堂导入	学习目标
教师活动	1919年，新文化运动在北平爆发，1921年中国共产党在上海成立，社会风起云涌，思潮爆发。但是同时期，鲁迅笔下的鲁镇依旧是没有被希望之光照到的荒村。在这个荒村里，会发生怎样的故事？让我们一起走进文本	1. 分析祥林嫂的生存困境与精神突围 2. 分析"我"的生存困境与精神突围 3. 体会"祝福"大礼中的大悲哀 4. 探寻"批判与彷徨"之意
学生活动	阅读PPT上出示的相关背景	齐读学习目标
设计意图	初步引导学生发现鲁镇与整个社会之间的违和之处，为下面理解"鲁镇是没有希望之光"做铺垫	明晰学习任务

二、课堂任务具体实施

为更好地完成上述四个学习目标，本节课设定了四个课堂任务，从"祥林嫂"和"我"两个主要人物的生存困境与精神突围入手，到总结"祝福"大礼中蕴含的大悲哀，再到分析鲁迅留下的希望，层层深入，去触摸本文的本质。

祥林嫂是故事的主人公，她是囚徒，渴望解脱，任务一见表9-25。

表9-25 任务一：解读祥林嫂的生存困境与精神突围

教师活动	1. 挣扎的祥林嫂 ①祥林嫂的一生遭遇了哪些变故？她的变化是什么？ ②她挣扎的原因和结果是怎样的？ ③祥林嫂从"逃—撞—捐—问"，是什么观念在作祟？ 2. 求助的祥林嫂 ①祥林嫂都向谁求助过？ ②分别找出最能表现这些人对祥林嫂态度的词语或句子并赏析
学生活动	1. 讨论、思考，回答"挣扎的祥林嫂"的三个问题 ①在预习的基础上，再读课文，找出描写祥林嫂外貌、神态变化的句子进行分析 ②结合对文章细节的把握，讨论并总结祥林嫂挣扎的原因 2. 交流讨论后，回答"求助的祥林嫂"的两个问题 ①学生回答第一个小问题：祥林嫂都向谁求助过？（鲁四老爷、村民、柳妈、"我"） ②小组交流讨论，找出相应的句子或语段，小组内进行场景模拟、角色朗读或细节分析，借助语言捕捉这些人物对祥林嫂的真实态度
设计意图	1. 引导学生细读文本片段，通过抓取外貌、神态等的变化分析人物形象，并学习借助细节刻画人物的写作方法 2. 引导学生把握祥林嫂生存困境的根源：人权的丧失，主动奔向礼教 3. 借助场景模拟、角色朗读等方法能让学生有设身处地之感。语言分析是走近人物的好方法。通过这些方法，让学生理解祥林嫂在鲁镇的孤独与绝望，以及她精神突围失败的必然性

在祥林嫂的生命里，"我"是她的救命稻草。可事实上，"我"和"祥林嫂"是一个镜子的两面，共同照出了当时绝望、彷徨的社会现状。任务二见表9-26、任务三见表9-27。

表9-26 任务二：解读"我"的生存困境与精神突围

教师活动	一、"我"的生存困境 请大家结合课文内容，把"我"在鲁镇的所见、所闻、所为及心情、状态填入下表中。 （尽量使用原文词句）				
		第一天	第二天	第三天	第四天
	所见				
	所闻				
	所为				
	心情				

续表

教师活动	二、"我"的精神突围与彷徨 此部分鲁迅行文隐晦，故以教师出示思考题为主 1. 找出文中表示反讽的句子，并分析其深刻意蕴 ①我在这繁响的拥抱中，也懒散而且舒适，从白天以至初夜的疑虑，全给祝福的空气一扫而空了，只觉得天地圣众歆享了牲醴和香烟，都醉醺醺地在空中蹒跚，预备给鲁镇的人们以无限的幸福 ②灵魂的有无，我不知道；然而在现世，则无聊生者不生，即使厌见者不见，为人为己，也还都不错 2. 看透了"祝福"大典的本质，决意离开，可鲁迅为何没有交代去处？ 3. "进城去，吃不可不吃的鱼翅"是"我"认为的理想去处吗？
学生活动	1. 细读文章前半部分，从原文中获取信息，完成"'我'的生存困境"部分的表格 2. 从所填入的信息入手分析"我"的生存困境 分析发现："我"是一个矛盾体、软弱体，"我"既已离开了鲁镇，却又在鲁镇最重要的场合选择回来；既回到鲁镇，却又无家可回、无人可依；既对祥林嫂的遭遇充满关怀和怜悯，又胆怯逃避 3. 齐读老师出示的表示"我"对"祝福"大礼反讽的句子 4. 小组交流讨论"'我'的精神突围"部分中老师出示的题目，分析两句话中的反讽之意，各抒己见，分享交流 5. 结合对文章的理解，小组交流讨论问题二、问题三，并说明理由
设计意图	1. 描写"我"的这一部分常被人忽略，而且这部分中信息散乱，但恰恰是这一部分透露了"我"的矛盾性，借助表格，能更直观地梳理"我"在鲁镇的状态 2. "我"的精神突围是此文最难解之处，鲁迅行文隐晦，但又不得不说。因为"我"的精神突围既体现了新知识分子的软弱，又凸显其彷徨，直指本文写作意图。此处难懂，故而设置三个开放性的讨论题目，让学生畅所欲言，在表达中加深理解

表 9-27 任务三："祝福"大礼中的大悲哀

教师活动	1. 本文以《祝福》为题，但"祝福"大礼中蕴含的大悲哀。请同学们进行总结概括 2. 教师对"祝福"之悲进行总结 祝福之悲，悲在祥林嫂不顾一切地奔向吃人的礼教。祝福之悲，悲在"看客"无处不在 祝福之悲，悲在"我"与旧礼教决裂后，去向何方的无力和彷徨 祝福之悲，悲在鲁镇没有希望之光
学生活动	1. 学生运用集体的智慧，总结出"祝福"大礼中的大悲哀 2. 学生齐读，并在学案上订正

设计意图	1. 此处设计是对文章主旨的总结概括，便于学生更全面地理解祥林嫂之悲、"我"之软弱与彷徨 2. 要求学生做好记录，反复琢磨，加深理解，助力以后对鲁迅文章的学习

鲁迅是启蒙领袖，即使不知前路在何方，也要留下继续奋斗的希望。因此，在鲁迅诸多文本中都有一个"光明的尾巴"，这体现的是他启蒙领袖的社会责任感。任务四见表9-28。

表 9-28　任务四：鲁迅留下的希望

教师活动	1. 请大家结合原来学过的课文，分析鲁迅留下的希望是什么？ 2. 用《墓碣文》结束课堂 于浩歌狂热之际中寒 于天上看见深渊 于一切眼中看见无所有 于无所希望中得救
学生活动	1. 回顾学过的鲁迅的文章，并分析其在行文中留下的希望 2. 齐读PPT上出示的已学文章中的"光明的尾巴" 3. 齐读《墓碣文》，感受鲁迅对"得救"的期盼
设计意图	理解鲁迅启蒙者的身份，体会作者给年轻的奋斗者留下的希望之光 体会鲁迅笔下的"寒""深渊"和"无所有"，体会作者对"得救"的期盼

三、作业布置（见表 9-29）

作业布置主要从师生活动和设计意图方面来构想，见表9-29。

表 9-29　《祝福》的作业布置

教师活动	死去的人死去了，活着的人又将如何活着？ 请结合当时的时代发展，以"十年以后，1934年，'我'又一次来到鲁镇……"为开头进行续写
学生活动	结合当时的时代发展，思考并完成作业
设计意图	20世纪20年代是社会变革的爆发期，我们要站在历史节点上对未来进行一次展望 十年以后，在宏大的历史发展背景中，鲁镇会发生什么变化？

四、板书设计

板书主要围绕当时社会各种势力对祥林嫂的迫害来设计,见图 9-4。

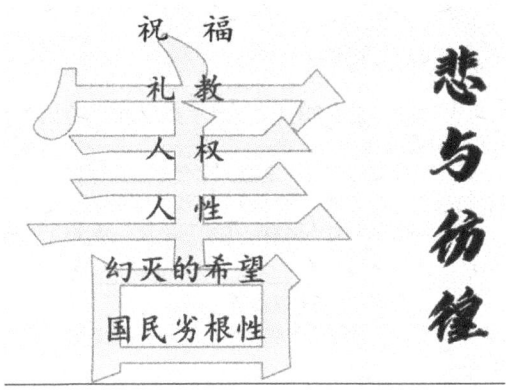

图 9-4 《祝福》的板书设计

教学阐释

本课的教学阐释将从教材分析、学情分析、教学目标和重难点、教学方法和教学拓展五个方面展开。《祝福》的教学阐释见表 9-30。

表 9-30 《祝福》的教学阐释

教材分析	《祝福》是《彷徨》小说集的首篇。文章用细腻的语言一体两面地描述了祥林嫂和"我"的生存困境及精神突围的过程 全文以祝福开头,并围绕"走"展开,运用大倒叙的手法讲述祥林嫂的悲剧和"我"的无力彷徨。"我"从"祝福"前夜回到鲁镇,到祥林嫂在"祝福"中走了,再到"我"决意要走,鲁迅的彷徨之意得到了最强烈的渲染和表现 文章的人物描写、环境描写和叙事手法极其传神和老道,并且主题鲜明,值得反复品鉴和思考
学情分析	在以往教学中发现以下几个典型学情: 1. 学生对时代背景缺乏了解 2. 对鲁迅丰富多样又深刻的思想难以产生共情,大多流于表面 3. 学生对自省和批判性文章缺乏兴趣,很难理解语言蕴含的攻击性和杀伤力 其中"对时代背景缺乏了解"主要表现在三个方面:一是对当时撕裂的社会不了解;二是对激烈碰撞的思想变革缺乏认知;三是对封建礼教的统治缺乏感受力。也正是因为这些原因,学生难以与鲁迅产生共情,难以深入理解文章的深刻性

续表

教学目标和重难点	教学目标： 1. 借助语言、外貌、动作，分析祥林嫂的生存困境与精神突围 2. 借助环境、细节、语言，分析"我"的生存困境与精神突围 3. 体会"祝福"大礼中的大悲哀 4. 探寻"批判与彷徨"之意 教学重点： 借助外貌、语言、动作、细节和环境，分析主要人物的生存困境和精神突围，以此体会"祝福"大礼中的大悲哀 教学难点：探寻"批判与彷徨"之意。综合考虑新课标要求、文章的地位和特点、学生的接受情况这三个方面，设计四个由浅入深的教学目标。其中，总结"祝福"大礼中的大悲哀和探寻本文"批判与彷徨"之意，是比较难梳理和理解的地方，故而设为重难点
教学方法	诵读法、讨论法、讲授法、任务驱动法 以诵读法贯穿始终，以具体任务驱动，借助讨论法解决主要问题，以教师的讲授进行总结和提升 多种方法共同使用，从"一言堂"变成"众议院"，避免了只有讨论没有升格的问题 师生合作，从现象到本质，从个体到群像，走到文字背后，走入鲁迅的内心
教学拓展	死去的人死去了，活着的人又将如何活着？请结合当时的时代发展，以"十年以后，'我'又一次来到鲁镇……"为开头进行续写 20世纪20年代的中国社会风云骤变，我们要站在历史节点上对未来进行一次展望。十年以后，1934年，在宏大的历史发展背景中，鲁镇可能会发生翻天覆地的变化，祥林嫂们的命运也会改变，以此引导学生思考社会革命的时代意义

教学设计示例五：陶渊明的仕与隐——《归去来兮辞》《归园田居》课文联读陶渊明的仕与隐

教学目标

教学目标主要设定为"品情感""悟大道"，具体内容见表9-31。

表9-31 《归去来兮辞》《归园田居》课文联读

课题名称	陶渊明的仕与隐——《归去来兮辞》《归园田居》课文联读
教学目标	1. 品情感：探讨陶渊明的仕与隐 2. 悟大道：体悟陶渊明归隐的独特意义
教学重点	探讨陶渊明仕与隐的必然性，以及其情感的变化
教学难点	陶渊明的归隐与田园对后世文人及当下的治愈性

教学过程

为详细、直观地展现教学的整个过程,本教案把教学过程分为课堂导入和目标呈现、课堂任务具体实施、作业布置、板书设计四个部分进行说明。

一、课堂导入和目标呈现

课堂导入和目标呈现主要从教师活动、学生活动和设计意图三个方面来考虑,见表9-32。

表9-32 《归去来兮辞》《归园田居》的课堂导入和目标呈现

教学内容	导入课堂	学习目标
教师活动	同学们,我们在必修上册学习了《归园田居》,又在选择性必修下册学了《归去来兮辞》。《归去来兮辞》写于他辞官归家途中,《归园田居》写于归家一年后。今天,我们再次走近这两首诗,深度品味陶先生的隐逸人生,领悟人生大道	1. 品情感:探讨陶渊明的仕与隐 2. 悟大道:体悟陶渊明归隐的独特意义
学生活动	跟随老师导语进入课堂情境	学生齐读学习目标
设计意图	导语直接点明本课的目的是深度阅读,品味隐逸人生,领悟人生大道	明晰学习任务,本课的主要任务是深度解读,体会陶渊明的复杂情感变化及其隐逸人生的意义

二、课堂任务具体实施

为更好地完成上述三个学习目标,本节课设定了三个层层深入的课堂任务,以更好地引导学生完成文本的深度阅读。

任务一:探究陶渊明的出仕是偶然还是必然?(见表9-33)

任务二:探究陶渊明出仕与本性之间的矛盾纠葛。对于陶渊明来说,出仕是理想抱负,丘山是情之所往。社会属性的自我与个人属性的自我在一种矛盾中此消彼长。

任务三:探究"隐之大者"的独特魅力(见表9-34)。

表 9-33　任务一：探究陶渊明的出仕是偶然还是必然

教师活动	1. 出示背景 PPT ①陶渊明，字元亮。浔阳柴桑人也。曾祖侃，晋大司马。渊明少有高趣，博学，善属文，颖脱不群，任真自得 ②八王之乱，五胡乱华。永嘉之乱，衣冠南渡。东晋偏安一隅。司马家族先后和琅琊王氏、颍川庾氏、谯国桓氏、陈郡谢氏、太原王氏共掌天下。门阀把持入仕之门径，门第较之通径，于选官中占据上风，底层儒者家世不显，很难进入仕途
教师活动	③士农工商四民者，国之石民也 2. 抛出讨论问题：两首诗歌我们都学过了，结合背景及你对陶渊明的了解，谈谈陶渊明出仕是偶然还是必然？为什么？ 3. 出示陶渊明欲"大济苍生"的诗句： 忆我少壮时，无乐自欣豫，猛志逸四海，骞翮思远翥。——《杂诗》 少时壮且厉，抚剑独行游。谁言行游近，张掖至幽州。——《拟古九首》
学生活动	1. 学生阅读 PPT 出示的背景知识 2. 讨论"陶渊明出仕是偶然还是必然？"并各抒己见
设计意图	打破学生对陶渊明的认知偏见，用史料与作者文句证明"出仕"在他心中的重要性，为后面探讨归去时的矛盾纠葛做好铺垫

表 9-34　任务三：探究"隐之大者的独特魅力"

教师活动	1. 出示 PPT，展现后世文人对隐逸生活的向往 ①柴桑古村落，栗里旧山川。不见篱下菊，空余墟里烟。子孙虽无闻，族氏犹未迁。每逢陶姓人，使我心依然。——白居易 ②"宁作我，岂其卿，人间走遍却归耕。一松一竹真朋友，山鸟山花好弟兄。"——辛弃疾 ③梦中了了醉中醒，只渊明，是前生。走遍人间，依旧却躬耕。——苏轼 2. 请大家结合 PPT 出示的内容，比较分析陶渊明的归隐与后世文人的归隐之意的不同 3. 出示叶嘉莹对陶渊明的评价 ①在精神上，陶渊明掌握了"任真"的自得；在生活上，他掌握了"固穷"的持守 ②在古今诗人中，能够直接面对人生的苦难悲哀，而且真正找到了解决办法的，只有陶渊明 4. 引导学生分析"田园"的治愈性 "大诗人先在生活中把自己的人格涵养成一首完美的诗，充实而有光辉，写下来的诗是人格的焕发。"——朱光潜

续表

学生活动	1. 学生自由朗读PPT上出示的白居易、辛弃疾、苏轼的词句 2. 结合本课的学习及背景资料，小组讨论陶渊明的归隐与后世文人的归隐之意有何不同 3. 读叶嘉莹对陶渊明的评价，并记录这两句话 4. 思考"田园"对中国人的治愈作用
设计意图	此问题是对前面两个任务的升华提高，理解古人精神的当下意义是解读文本的终极目标，让学生能更深刻地理解陶渊明的伟大之处

三、作业布置

作业布置侧重让学生探究陶渊明理想追求的当代价值，见表9-35。

表9-35 《归园田居》的作业布置

教师活动	《回村三天，二舅治好了我的精神内耗》在新媒体时代出圈霸屏，请比较其与陶渊明的田园的相似之处，写下你的感悟
学生活动	认真思考，写下自己的真实感悟
设计意图	作业的布置要有助于巩固加深对课堂内容的了解。以当下的现象话题引入比较，引导学生分析"田园"及自然无欲的生活在中国人精神中的独特地位，能理解陶渊明的伟大之处

四、板书设计（见图9-5）

板书设计侧重展现陶渊明的人生经历与思想变化，见图9-5。

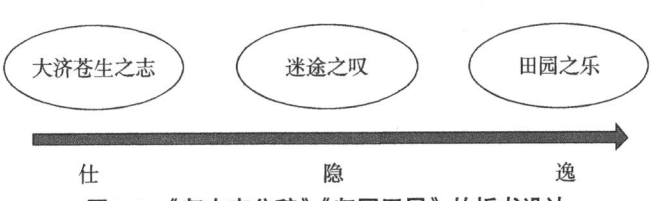

图9-5 《归去来兮辞》《归园田居》的板书设计

教学阐释

教学阐释分学情分析、教学目标和重难点、教学方法、教学拓展四个部分，见表9-36。

表9-36 《归去来兮辞》《归园田居》的教学阐释

学情分析	1. 学生对于两篇课文都非常熟悉，能识记与背诵 2. 对于两篇文章中表现出来的复杂情感及情感的变化只能隐约感知，并未进行过细致深入的分析和体系化整理 3. 本课重在引发学生讨论与思考
教学目标和重难点	教学目标： 1. 品情感：探讨陶渊明的仕与隐 2. 悟大道：体悟陶渊明归隐的独特意义
教学目标和重难点	教学重点： 探讨陶渊明仕与隐的必然性，以及其情感的变化 教学难点： 陶渊明的归隐与田园对后世文人及当下的治愈性 课文联读的目的在于深度解读，从两篇文章入手分析陶渊明情感的矛盾与变化，探讨其出仕与归隐的必然性，把陶渊明还原为一个血肉丰满的人物是教学重点。理解古人精神的当下意义是解读文本的终极目标，让学生能更深刻地理解陶渊明的伟大之处，但对于年龄尚浅，缺乏人生阅历的学生来说，有些抽象
教学方法	任务驱动法、讨论法、诵读法、讲授法 课文联读是综合性阅读，是对课文的深化和延伸，着力于深度阅读。调动学生的参与性是保证课堂顺利进行的前提。所以本节课从两首诗歌入手，用具体问题进行驱动，借助讨论法解决主要问题，借助教师的讲授进行总结和提升
教学拓展	当屈原在受到官场排挤而政治抱负无法实现时，他选择了汨罗投江以捍卫自己的清白；当陶渊明受到官场排挤而厌恶官场的黑暗时，他选择了回归田园以享受田园之乐。你更赞同哪一种人生选择，并说出你的理由。

附　录　个性化教材的解读示例

示例一：基于主题延伸的祥林嫂死因探秘

关键词：祥林嫂　死　综合因素

摘　要：封建礼教和封建迷信的迫害是祥林嫂死亡的一个很重要的原因，但单纯的封建礼教和封建迷信的迫害并不能完全杀死祥林嫂，祥林嫂的死亡应该说是多重因素综合作用的结果。

祥林嫂是鲁迅先生在小说《祝福》中塑造的一个人物形象，在小说中，祥林嫂最后死了。很多人认为，祥林嫂是封建礼教和封建迷信的迫害致死的。但封建礼教和封建迷信的迫害只是祥林搜死亡的原因之一，单纯的封建礼教和封建迷信的迫害并不能完全杀死祥林搜，祥林嫂的死亡应该说是多重因素综合作用的结果。祥林嫂之死，既是对封建礼教与封建迷信的血泪控诉，也是对当时那个令人绝望的黑暗社会的尖锐批判。

祥林嫂的死因至少包括以下三方面内容：一是封建礼教和封建迷信的迫害，这又包括内因和外因两个部分；二是她异于常人的不幸遭遇；三是当时社会人们的淡漠和冷酷。

先说第一个原因，即封建礼教、封建迷信的迫害。这又包括内因和外因。

外因是外部封建礼教与封建迷信对她的迫害。这主要表现在婆婆一家、四叔一家及她周边的人基于对封建礼教和封建迷信的笃信和自私对她造成的伤害。婆婆一家在祥林死后依仗封建族群势力强迫她改嫁，换回彩礼给小叔子娶亲；四叔一家基于封建礼教对她这样一个二婚的"不干净"的女人持歧视、排挤和厌恶的态度；柳妈基于封建迷信对她进行"死后会被阎罗大王锯成两半，分给两个男人"的精神恐吓；"我"为了逃避责任用"说不清"来敷衍她提出的死后灵魂的有无问题，给她带来困惑和恐惧。

内因是祥林嫂有限的认知水平使她无法抵御封建礼教与封建迷信的思想侵害，自己的思想意识中也充斥着封建礼教和封建迷信思想。这些封建礼教和封建迷信思想扭曲了她的价值观念，使她在思想、行动上呈现出愚昧、固执的特点，从而也加剧了她的悲剧命运。祥林嫂不识字。这可以从她与"我"的对话中找到根据："这正好。你是识字的，又是出门人，见识得多。我正要问你一件事——"自己不识字，才对识字人怀有敬畏，才会向识字的人请教。正因为不识字，她的知识、经验、思想和观念大都来自她所处的环境，来自她熟悉的人、她经历过的事，这就决定了她的认知水平有限。正因为她的认知水平有限，她对于周围的人和事，对当时的社会陋习和愚昧观念，没有正确的认知和辨别能力。一味地盲目认同，这也导致她自身价值观念扭曲，最终让她成了自己命运悲剧的推手。譬如，她对自身的命运进行过抗争，但这抗争本身带有一定的愚昧性。她的第一次抗争，是第一任丈夫祥林死后，她从婆家逃出来到鲁四老爷家做工。她在逃避什么，历来众说纷纭。有的说她为了逃避婆家的虐待，追求个人的自由，但在小说中找不到可靠的证据。婆家固然不是什么好人，但既然祥林嫂对他们还有很大的用处（卖钱给小叔子娶媳妇），哄她还来不及，又何至于虐待呢？至于追求个人自由，以祥林嫂的认知觉悟，更无可能。有的说她为了逃避买卖婚姻，这也不成立。婆家是要卖了她，但怎么可能告诉她呢？所以，她抗争和逃避的，只能是那在当时会给自己带来"不干净""不贞洁"名声的再婚。既然她逃避的是再婚，那这逃避便带有封建礼教和封建迷信的色彩。因为事实证明，她最终未能逃避的再婚事实上给她带来了几年的幸福生活。她的第二次抗争，是对与贺老六成亲时候的反抗。在拜堂时，一头撞在香案上。这次抗争和第一次的目的具有同样的性质。她的第三次抗争，就是捐门槛。这是对死后命运的抗争，也是对充满迷信色彩的抗争，注定了这次抗争是无效的。这次抗争并没有让自己从苦难中解脱。祥林嫂自身的封建礼教和封建迷信思想导致的扭曲的价值观念及愚昧、固执的思想行为在某种程度上增强了个人命运的悲剧性。

外部及自身的封建礼教和封建迷信思想的迫害是祥林嫂悲剧命运的重要原因，但还未构成祥林嫂死亡的充分条件。祥林嫂的死亡显然还有其他原因。

祥林嫂死亡的第二个原因，是她异于常人的悲惨经历。祥林嫂一生命运多舛，遭遇了很多常人没有经历的不幸。而这些不幸都带有很大的偶然性和不可抗拒性：年纪轻轻的，第一任丈夫祥林就死了，连个孩子也没有留下，这是她遭遇的第一个不幸；再婚后，没几年，第二任丈夫贺老六又断送在伤寒上，这是她遭遇的第二个不幸；丈夫死后不多久，孩子阿毛又给狼叼去了，这是她遭遇的第三个不幸。这些不幸虽然完全是偶发性事件，却异常惨烈，对祥林嫂身心造成的打击是无法估量的。但即便如此，祥林嫂也没有死，她依然到四叔家做工。即使被四叔家赶出家门后，她还坚强地生活了四五年。

祥林嫂死亡的第三个原因，就是当时那个黑暗社会里人们的无情与冷漠。祥林嫂生前，只是一个被剥削的对象、一个赚钱的工具、一个被人厌恶和嘲弄的对象、一个无聊的人们的无聊的谈资。没有人关心她、爱她，有的只是人们的嘲笑、厌恶，以及人们的冷漠与诅咒。祥林嫂的第一任丈夫死了，婆家没有同情，只想让她再婚换钱给小叔子娶亲；祥林嫂逃婚被抓回去，大家觉得理所当然；祥林嫂第二任丈夫及儿子死了，再到鲁镇做工，大家认为她"不干净"，祭祀时处处防着她；祥林嫂痛苦地一遍遍讲述儿子被狼叼去的故事，大家只是同情了一段时间，但很快便觉得无趣和不耐烦了。

祥林嫂的生命力是顽强的，但再顽强当面对着无尽的迫害、不幸和忽视、冷漠的综合压力的时候，她也无法承受生命之重。当实在找不到活着的理由的时候，她只能走向死亡。祥林嫂的死亡是有前兆的。

我们再来看一下她死之前的生存状态："五年前的花白的头发，如今已经全白，全不像四十上下的人；脸上瘦削不堪，黄中带黑，而且消尽了先前悲哀的神色，仿佛是木刻似的；只有那眼珠间或一轮，还可以表示她是一个活物。她一手提着竹篮。内中一个破碗，空的；一手拄着一支比她更长的竹竿，下端开了裂：她分明已经纯乎是一个乞丐了。"这时候的祥林嫂俨然已经失去了魂灵，行尸走肉。与其说活着，不如说她已经死了：两任丈夫死了，儿子也死了，生活困顿，没有任何物质和精神的依靠。同时，她还要遭受世人的冷眼，为自己死后是否会被分成两截而持续恐惧着、煎熬着。她不是不想死，她想死后见到自己的亲人，但她又害怕死，害怕死后拥有比人世间更惨烈的命运。真是生不如死！正如作者所说："然而在现世，则无聊生者不生，即使厌见者不见，为人为己，也还都不错。"

祥林嫂之死是各种因素综合作用的必然结果。祥林嫂之死，既是对封建礼教与封建迷信的血泪控诉，也是对当时那个令人绝望的黑暗社会的尖锐批判。这可以从当时人们对祥林嫂之死的态度上看出来。

首先出场的是四叔，即鲁四老爷。他是"一个讲理学的老监生"，同时也是一个富裕大户的掌门人。在得知祥林嫂的死讯后，他高声地说："不早不迟，偏偏要在这时候——这就可见是一个谬种！"他的举止和语言中充满了愤怒、厌恶甚至痛恨。如此可怜的祥林嫂死了，不但没有引起他的一丝同情，反而招来他无端的痛骂，骂她死得不是时候不吉利，玷污了祝福，亵渎了神灵。然后登场的是短工，短工分明和祥林嫂处于一个阶层，而且他现在正在做着祥林嫂过去做过的工作，应该有一点伤感的。但当"我"问他四老爷和谁生气的时候，他的表现是这样的：

"什么时候？——昨天夜里，或者就是今天罢。——我说不清。"

"怎么死的？——还不是穷死的？"他淡然地回答。

一副事不关己、高高挂起的嘴脸。短工本来代表的是和祥林嫂一样遭受剥削和压制的穷苦百姓，可他却偏偏觉得自己比已经沦为乞丐的祥林嫂更高贵一些。殊不知，祥林嫂的今天或许就是他的明天。

最后出场的是"我"，小说中的"我"是一个多少有些进步思想的有"新党"嫌疑的人，因为"我"接受了一些新鲜、先进的思想，有一定的良知，所以对祥林嫂抱有一定的同情，对她的死怀有一定的内疚。但在"我"身上存在很大的软弱性、妥协性，甚至自私性。当祥林嫂问"我"究竟有没有魂灵的时候，我的回答是"说不清"。作为一名具有一定先进思想的"我"，肯定清楚这一问题的答案，但为了逃避责任，便用一句"说不清"来敷衍她。当祥林嫂死后，"我"明明想知道有关她死的更多细节，但怕四叔责骂，"屡次想问，而终于中止了"。"我"虽然同情祥林嫂，对她的死"似乎还有些负疚"，但很快"心地已经渐渐轻松""渐渐地舒畅起来"。

鲁四老爷对祥林嫂的态度，在很大程度上代表了当时统治阶层对待穷苦百姓的态度。这也反映了当时的统治阶层不但不关心、不体谅下层群众的疾苦，甚至还把他们当作敌人。生活在这样的社会，老百姓会有什么希望？这样冷酷腐朽的统治者怎能不令人绝望？

像短工一样，穷苦人对于穷苦人的歧视与冷漠，不幸者对于不幸者的不幸"看客"般的淡然，甚至连作"看客"的兴趣都没有的冷漠，这是当时下层百姓愚昧麻木、没有任何阶级同情、没有任何的凝聚力的具体表现。这样的民众哪有希望和未来。

"我"是小说中是唯一能够给予当时那个社会希望的人，但因为骨子里的软弱、妥协和得过且过的自私，当面对黑暗社会现实的时候，"我"选择了逃避。"我"对祥林嫂死的态度也是当时的改革派或革命派对如祥林嫂一样不幸的人的态度。"我"对四叔虽然厌恶，但最终选择了妥协；我对祥林嫂同情和内疚，但"我"最终选择了逃避，选择了明哲保身。这就是辛亥革命后一大批具有先进思想和革命愿望的人当时的思想和行动现状。显然，他们也是拯救不了这个社会的。

四叔、短工和"我"基本代表了当时社会的各个阶级，任何一个阶级都不能给予当时那个社会任何希望，而这正是作者对当时社会的绝望。所以，《祝福》批判的不仅是封建礼教、封建迷信，而且也批判了那个令人窒息、让人绝望而又绝难改变的整个黑暗社会。

示例二："虚室"之辩
——陶渊明《归园田居》（其一）"虚室"注解的探究

摘要：陶渊明《归园田居》（其一）中有"户庭无尘杂，虚室有余闲"两句，对于其中的"虚室"一词，各版本的教材注解不一，学术界也有争论。"虚室"语出《庄子·人世间》"虚室生白"，这里的"虚室"是取其比喻义，而在古代出现"虚室"一词的大部分文学作品中，更多使用的是其本义，陶渊明《归园田居》（其一）也不例外，从该诗的思想内容、诗句间的逻辑关系及陶渊明的人生现实和理想追求等角度分析，把该诗中的"虚室"理解为"空室"更合适。

关键词："虚室" 比喻义 本义 "空室"

普通高中语文教材必修上册（人教 2019 年版）第三单元选入了陶渊明的《归园田居》（其一）作为自读文本。这首诗在以往的人民教育出版社及其他版本的普通高中语文教材中也有选入。该诗中有"户庭无尘杂，虚室有余闲"两句，对于其中的"虚室"一词，有的教材注解为"空室"；有的教材注解为"陈设简陋的屋子"；有的教材注解为"指房间，也指人的内心"；最新人民教育出版社教材注解为"静室"。笔者认为，"虚室"解释为"空室"更为合理。

谈论这个问题前，我们先来归纳和分析一下部分专家和教师对"虚室"注解的观点。陕西杨陵中学张尚智老师认为，应把"虚室"解释为"空明的内心"❶；江苏淮安中学袁夫石老师认为"虚室"比喻心境淡泊空灵，纯净自然❷；唐山师范学院玉田分校王桂霞、张福旺老师认为"虚室"是"空虚""空明"之意，室是房间又兼喻人的内心，虚室在文中是双关语，即房间的简朴、清净，更指人内心的空明澄净❸；阳泉教育学院孟丽娟老师认为，"虚室"应该解释为"使心境空明"❹；庞大岳老师认为，"虚室"的注解应该为"虚室，指一种澄澈明朗的境界。虚，空；室，心"❺。

上述观点在论据支撑上，都提到了"虚室"的出处《庄子·人世间》："瞻彼阕者，虚室生白，吉祥止止。"上述观点也都借鉴了唐人陆德明《经典释文》引西晋司马彪《庄子注》对"虚室"的注解："室，比喻心，心能空虚，则纯白独生也。"显然，根据司马彪的注解，《庄子·人世间》中的"虚室"用的是比喻义，把"室"比喻为人的内心，"虚"在这里为使动用法，"虚

---

❶ 张尚智. "虚室"是什么 [J]. 语文知识，1994（7）：57-58.
❷ 袁夫石. "虚室"探究 [J]. 中学语文教学参考，2017（10）：47.
❸ 王桂霞，张福旺. "虚室"一词的出处、语意 [J]. 语文教学之友，2005（7）：38-39.
❹ 孟丽娟. "虚室"辩证 [N]. 雁北师范学院学报，2000（2）：39-40.
❺ 庞大岳. "户庭无尘杂，虚室有余闲"注释质疑 [J]. 语文教学与研究，1986（9）：33.

室"的整体意思是"使内心空明、澄澈"。部分专家和教师对"虚室"的注解建议也多遵从这个意思。

探究一个词语的真实意思永远离不开词语本义，那我们就来考证一下"虚室"的本义。清代陈昌治刻本《说文解字》云：虚，大丘也。清代段玉裁《说文解字注》云：虚本谓大丘，大则空旷，故引申为空虚。《说文解字注》云：室，实也，人物实满其中也，引伸之则凡所居皆曰室。由上述文献对"虚""室"二字的解析判断，"虚室"的本义应该是"空室"。

在古代文学作品中，使用"虚室"本义的例子比比皆是：素秋澄景，则独酌虚室。（南朝·梁·江淹《自序》）虚室有秦筝，筝新月复清。（唐·王湾《观搊筝》）虚室寒灯静，空阶落叶飘。（唐·皇甫冉《夜集张諲所居》）虚室无人乳燕飞，苍苔满地履痕稀。（唐·刘商《代人村中悼亡二首》）予友人家有一琵琶，置之虚室。（宋·沈括《梦溪笔谈·乐律二》我欲图君归，虚室生颜色。（陈独秀《华严瀑布》）……上述作品中的"虚室"显然都使用了其本义，若硬理解为使用了比喻义，则句意不通，有悖逻辑。

而使用"虚室"比喻义的例子，在古代文学作品中并不多见，且多与"生白"并用："虚室唯生白，闲情却草玄。"（唐·吕温《奉和武中丞秋日台中寄怀简诸僚友》）"虚室闲生白，高情澹入玄。"（唐·白居易《忘筌亭》）"穷途非所恨，虚室自相依。"（唐·王勃《送卢主簿》）"斯须请奏乐，虚室静生白。"（清·赵翼《同北墅漱田观西洋乐器》）"虚室生白，尘影不动，清思不能已已。"（元·顾阿瑛《清平乐·题桐花道人卷·桐花道人吴国良雪中》）这些诗文中的"虚室"大都化用了《庄子·人世间》里的"虚室生白"，可以理解为使用了"虚室"的比喻义。另《汉语大词典》（1991年版）第八卷822页"虚室"条云："比喻心境。"也是"虚室"比喻义的一种延伸，在古代文人作品中偶有使用。例如，宋朝司马光《复用三公燕集韵酬子骏尧夫》中的"官闲虚室白，粟饱太仓红"。

就古人"虚室"本义和比喻义的使用概率来看，本义的使用远超比喻义的使用。这虽然不能直接证明陶渊明《归园田居》（其一）中"虚室"也使用了本义"空室"，但毕竟能给我们带来一些启示。

那么陶渊明《归园田居》（其一）中的"户庭无陈杂，虚室有余闲"中的"虚室"是到底使用了本义还是比喻义呢？

首先，从全诗的思想内容来看，《归园田居》（其一）主要描写的是作者脱离官场束缚后恬静安逸的田园生活，表达的是田园生活给自己带来的自由之感和喜悦之情。而《庄子·人世间》里的"虚室生白"强调的是内心的"觉悟"，是"悟道"。其中，"白"是"道"或"智慧"，"生白"就是"得到智慧"或"觉悟"。而"虚室"是"得到智慧"或"觉悟"的手段和方式。如果把《归园田居》（其一）"户庭无陈杂，虚室有余闲"里的"虚室"理解为庄子"虚室生白"里的"虚室"，即理解为"得到智慧"或"觉悟"的手段、方式，就消解了诗中作者那份清闲安逸、自得其乐的愉悦，与全诗的思想内容和表达情感不符。由此可见，将其理解为使用了"虚室"的比喻义是讲不通的。

其次，从"户庭无陈杂，虚室有余闲"这两句诗看，两句为对偶关系。"户庭"与"虚室"相对，词性应该相同，所以由"户庭"词性可以推知"虚室"的词性。《易·节》云："不出户庭，无咎。"朱熹注：户庭，户外之庭也。晋代的葛洪《抱朴子·勖学》云："观万古如同日，知八荒若户庭。"唐代李频《府试老人星见》诗云："良宵出户庭，极目向青冥。"可见，"户庭"是指"家门"或"庭院"，是名词词性，与之相对的"虚室"在这里也应该是名词词性，理解为"空室"最符合逻辑，也能与后边的"余闲"相照应。显然，这里的"虚室"应该是使用了本义"空室"。

"虚室"作"空室""空屋"讲，我们还可以从陶渊明《归园田居》（其二）中找到证据。《归园田居》（其二）中有这样两句："白日掩荆扉，虚室绝尘想。""荆扉"为柴门，柴门一般只能做庭院的门，而不能做居室的门。如果把"虚室绝尘想"中的"虚室"当作庄子"虚室生白"中的"虚室"，理解为"使室虚""使内心空明"的话，两句诗的意思就变成了"白天关上庭院的柴门，使内心空明，断绝俗世杂念"。从这个句意上推理，陶渊明应该是在庭院里"使内心空明"，在庭院里"悟道"。而陶渊明的庭院因为"狗吠深巷中，鸡鸣桑树颠"，是不安静的。在不安静的地方"使内心空明""绝尘想"，效果肯定不够好，也不合常理。如果硬说他是在庭院里的居室里"使内心空明""绝尘想"的，也说不通。因为把"虚室"理解为"使心空明"的时候，它就不能同时作"空室"讲了，那对其"使内心空明""绝尘想"的地点就少了必要的交代。因此，当把这两句中的"虚室"理解为"虚室生白"中的"虚室"的时候，前后两句在内容上就给人一种突兀感和游离感，逻辑关系不够紧密。相反，如果把两句诗中的"虚室"理解为"空室"的时候，两句诗的意思就是"白天关上庭院的柴门，在空室里断绝尘世的观念"。"掩荆扉"是为了静，"虚室"也是为了静。只有安静了才能断绝尘想，才能摆脱世俗的羁绊，从事理逻辑上看，这样理解更加合理。《归园田居》（其一）（其二）两首诗同名，内容相似、思想一致，成诗时间相近，"虚室"的含义也该相同。因此，由《归园田居》（其二）也可以印证《归园田居》（其一）中的"虚室"应该理解为"空室"。

最后，我们从陶渊明的生活现实和理想追求来分析。陶渊明的思想带有一定的复杂性，儒、释、道兼而有之，其中道学对他的影响最大。因素有二：一是社会环境。魏晋时期，玄学盛行，研究老庄成为时尚。受此影响，陶渊明也对老庄哲学产生了浓厚的兴趣。二是个人经历。早年为官的经历让陶渊明看透并厌倦了官场的黑暗和险恶，失望之余，他不得不选择归隐园田。当儒家的济世思想让他碰壁后，他只好从老庄的思想中寻找精神寄托。但陶渊明自身的天性又使他有别于当时一般的道学家和玄学家，当时的道学家和玄学家只是为了"尽道之玄妙",为道而道,寄心玄远,多少缺乏一点切实的、积极的人生意义❶,而陶渊明虽涉道学和玄学,但无意于清谈,他依旧把目光投向现实的人生,特别是在厌倦并脱离官场后,他选择在"种豆""饮酒"和赋诗上寻找纯真朴实的快乐及人生的寄托。由此可见,陶渊明的"道"与玄学家们的"道"、庄子的"道"是有区别的。他的"道",既不"玄",也不"远",而是一种寄心自然而又乐观向上的、实实在在的人生态度。所以把陶渊明《归园田居》里的"虚室"理解为庄子"虚室生白"的"虚室",也就把陶渊明同那些为道而道、寄心玄远的道学家、玄学家们混为一谈了;而将其理解为"空室",则把陶渊明拉回了现实的人生中,让他的生活更多了一些烟火气息,也还原了一个真实的陶渊明。

综上所述,《归园田居》(其一)中"虚室"理解为使用了其本义,注解为"空室"最合理。

最新人教版把《归园田居》(其一)中"虚室"注解为"静室",借鉴了朱东润主编的《中国历代文学作品选》中对"虚室"的解释:"虚室,静室。"这种注解显然也是倾向"虚室"的本义。将"虚室"理解为"静室",从句子逻辑上没有什么问题,也符合全诗的情调。但把"虚室"解释为"静室",很容易让学生认为"虚"就是"静"的意思,而"虚"作"静"讲,缺少考证。所以,不如把"虚室"直接注解为"空室",让学生自己联想到"空室"是"静室",这样的注解更严谨,也更符合学生的认知规律。

示例三:《百合花》人物塑造之美

《百合花》是人民教育出版社统编普通高中语文教材必修上册第一单元

---

❶ 范璠.陶渊明《归园田居》的"虚室""自然"及"狗吠鸡鸣"辨析[N].韶关学院学报,2008(10):30-32.

的一篇短篇小说，作者是当代著名女作家茹志鹃。小说在人物形象塑造上匠心独运，人物纯净、质朴而又美丽，充溢着爱的温暖，闪耀着人性的光辉[1]。小说中的三个主要人物无论从哪个角度看，都呈现出美的特质，给人以美的享受；而这种美的呈现又与文章的题目、主题呼应关照。

一、人物情感表现上呈现出一种纯净之美

对于人物之间情感的把握无疑是小说的一大亮点，作者以独特的女性视角去观察、去解读、去表现"我"、新媳妇和小通讯员之间的复杂情感，紧紧依靠着真、善、美的主线，把战友情、姐弟情、母子情、爱情巧妙地融合到一起，使小说在人物情感上呈现出一种纯净之美。

虽然小说中有三个主要人物，但主要情感线索只有两条：一条是"我"与小通讯员之间的情感；一条是新媳妇与小通讯员之间的情感。

我们先来探讨"我"与小通讯员之间的情感。小通讯员对"我"的情感，开始是抗拒和躲避，而后是熟悉和亲切，最后是感激和关爱。最初的抗拒和躲避是因为"我"是陌生的女性，是出于他腼腆性格的本能；后来得知"我"和她是老乡后，便不自觉地有了一种弟弟对姐姐般的亲切和依赖。正是这种亲切和依赖促使他在借被子失败后，自然地央求"我"帮忙。当"我"帮他借被子成功后，他对"我"又增加了一份感激，因为感激而对"我"关爱起来，离开"我"回部队的时候不忘记留下两个馒头为"我"开饭。小通讯员对"我"的情感呈现出一种自然、真实而又纯朴的特征。

"我"对小通讯员的情感带有一定的复杂性。最初因为他路上不关照"我"而心生抱怨；发现其实是误解后对他产生了好感和兴趣；得知两人是老乡后又增加了一份亲切感；在一起借被子时他蹩脚而又憨厚的表现又让"我"觉得他可笑又可爱。至此，"我"不知怎么，已从心底爱上了这个傻乎乎的小同乡。"我"对小通讯员的情感带有明显的女性色彩，是"姐性""母

性"和"异性"的复杂统一，但又自然、真实和纯洁，即使带有一点爱情色彩也是唯美的，也让人觉得圣洁、纯净。在小通讯员牺牲后，"我"当然是痛心的，但因为"我"相对特殊的身份和经历，相比于新媳妇，"我"感情的表现要克制得多，所以"我"对小通讯员的情感里还有一种革命的大爱。"我"对小通讯员的情感，由浅到深、由淡到浓，各种情感互相交织，复杂而又简单，浪漫而又洁净。

再来分析新媳妇与小通讯员之间的情感。小通讯员对新媳妇的情感虽然也有一个变化过程，但相对清晰：跟新媳妇借被子，她不借，对她不满；得知新媳妇不借的原因后，对她感到歉疚。不满与歉疚本是截然不同的两种对立情绪，却又和谐自然地统一在他天性的质朴中，呈现出一种质朴而又纯洁的美感。

而新媳妇对小通讯员的情感则要复杂得多。最初没借给他被子，让他受气了，歉疚；借了被子，他却又挂破了衣服，自己又没能给他及时补上，歉疚中多了份心疼。但此时的这歉疚和心疼只是浅浅的、淡淡的。当小通讯员牺牲后，特别是知道了他牺牲的原因后，这种歉疚和心疼在她那里被无限放大了，变成了肝肠寸断的痛，然后由痛变成爱、变成崇敬。于是，她不顾一切地给小通讯员补衣服，把代表着自己爱情的百合花被子盖上了这位让她愧疚、让她心疼、让她敬仰小通讯员身上。新媳妇对小通讯员的感情毫无遮掩、毫不做作。这种爱超越了姐弟之爱，超越了母爱、超越了爱情，朴素、直接而又凄美、深沉。

在两条感情线索中，小通讯员对两位女性的情感相对简单、质朴，带有一定的被动性，而两位女性对小通讯员的感情则复杂、热烈得多。这或许是作者对男女情感的一种个性化理解，也是作者女性视角下对异性情感的一种理想化的呈现。

情感之美，是人情之美、人性之美，这也是作者要凸显的主题。在小说中，作者赋予了这情感之美以圣洁的光辉，使这纯净的情感之美与小说题目"百合花"那种纯洁之美相互映衬，浑然天成。

二、人物性格上呈现出一种自然、率真之美

作者在人物背景的选择上，刻意选择那些生活在自然环境里的自然人，人物性格呈现出一种自然、率真之美，这也使人物更加真实，更能引起读者的心灵共鸣。

先说小通讯员，对于他的出身，作者是这样交代的：

"在家时你干什么？"

"帮人拖毛竹。"

"参加革命几年了？"

"一年。"

"你怎么参加革命的？"

"大军北撤时我自己跟来的。"

"家里还有什么人呢？"

"娘，爹，弟弟妹妹，还有一个姑姑也住在我家里。"

他的出身普通得不能再普通，他的经历简单得不能再简单，他的家庭平凡得不能再平凡。作者刻意塑造的就是这样一个没有任何特殊背景和特殊经历的普通人、自然人。只有这样自然的人，他一切的言、行、情才会出于自然的天性，才会毫无造作之感。例如，他在异性面前的腼腆、局促和躲闪；他因为不谙世故，不善交流，工作方式简单，借不到被子；他会在肩上的步枪筒里，稀疏地插了几根树枝，后来又插了一枝野菊花。他天性自然，本性善良，所以当他用自己省下的两个馒头为"我"开饭的时候，我们一点儿也不觉得突兀。当他为了保护担架队而献出年轻的生命的时候，我们一点儿也不觉得惊讶。

小说中新媳妇也是一个自然的真性情的人。作者对她的背景交代得很简单：刚过门三天的新娘子。唯一有点特殊的，她是一个漂亮的女人。她的一切言行举止，都是一个普通的刚过门的新娘子的自然的言行举止。小通讯员来借被子，因为那被子是娘家唯一的嫁妆，她不愿意借；因为没有借给小通讯员被子，她心里有歉疚；后来经过"我"的努力，她明白道理后还是借了。一切的言行都是她内心自然想法的表现。在作者那里，新媳妇不是以对错来衡量自己的行为的，而是以自然的率真来对待生活的。正因为如此，当小通讯员牺牲的时候，在常人看来再去补他衣服上的破洞已经没有什么意义的时候，她却无动于衷地、执拗地、一针一线密密实实地坚持去补完；在常人看来那床撒满百合花的新被子没有必要盖在这位已经牺牲的小通讯员身上的时候，她却心甘情愿地、虔诚地坚持把它盖在小通讯员的身上。在她那里，没有对错，一切都源自她内心的真实感受。

小说中"我"的身份很简单：文工团创作室的女战士。其他的背景如职务、年龄等，小说一概未做交代。"我"是一个平凡的女战士，但"我"也是一个自然派。即使在大战到来之际，"我"眼中的世界依然是"两边地里的秋庄稼，却给雨水冲洗得青翠水绿，珠烁晶莹。空气里也带有一股清鲜湿润的香味"。心里是什么，眼睛里就是什么，"我"是一个热爱自然、热爱生活的人。"我"也是一个率真的人，小通讯员赶路不理"我"，"我"生气；发现他其实是关注"我"的，"我"暗自得意；和小通讯员攀谈的时候，"我"觉得他很可爱，对他产生好感；知道他是同乡的时候，"我"感到亲切；帮他借被子，发现他心地善良，"我"从心底里爱上他；他回团部后，"我"心里挂念着他；疑心"重彩号"是他，"我""打了个寒战，心跳起来"；发现他真的受了重伤，"我"强忍着泪水；知道他牺牲后，"我"摸到了他给我开饭的两个馒头。在小说中，"我"的一切言行与情感的表达都是真实的、自然的,即使碍于"战士"的身份,有了一定程度的克制,但依然没有任何做作的痕迹。

小说《百合花》在人物塑造上,突出了自然环境里生活中自然人性格的真实,也使小说的三个主要人物的性格在整体上呈现出一种自然率真之美。这既可以看作是作者在人物塑造上的一种风格,也可以看作是作者把"人"当作"人"而不是当"神"来写的一种体现。人物的自然率真之美,与题目"百合花"的天然之美,相互映衬,进一步烘托了小说弘扬至真至善的人性、人情的主题。

三、人物外貌上呈现出一种形貌之美

这是一个容易被回避的话题,甚至有人认为探讨小说中人物的外貌之美会消解小说的主题,其实不然。《百合花》中的三个主要人物小通讯员、新媳妇和"我",在作者的笔下,在外貌上都以美的姿态呈现,是作者的匠心独运。

先说新媳妇,"这媳妇长得很好看,高高的鼻梁,弯弯的眉,额前一溜蓬松松的刘海","脸扭向里面,尽咬着嘴唇笑"。小说中作者对新媳妇形貌美的描写直接而又简洁:她是一个活泼开朗而又年轻漂亮的中国农村传统少妇形象。

对于小通讯员形貌美作者是这样表现的。"通讯员撒开大步,一直走在我前面。一开始他就把我撂下几丈远。"步子大,说明个子高;走得快,说明身体棒。它们表现的是小通讯员的健康之美。"现在从背后看去,只看到他是高挑挑的个子,块头不大,但从他那副厚实实的肩膀看来,是个挺棒的小伙子。"个子高但块头不大,说明小通讯员是个细高个;厚实实的肩膀说明他肌肉发达。这里刻画的是小通讯员的形体之美。"我看见他那张十分年轻稚气的圆脸,顶多有十八岁"体现的是小通讯员的青春之美。在小

说中，小通讯员整体外在形象是健壮英武而又青春年少，是个招人喜欢的小伙子，也特别符合女性视角下对男性的审美期待。

　　作者没有对小说中的"我"的相貌进行直接描述，但从小说的一些侧面细节中我们也能感觉到："我"是一个漂亮的女战士。首先从"我"的身份看，"我"是文工团创作室的，是一个从事艺术创作的"文艺范"的女战士，职业本身就会给读者一些美好的想象；从团长给"我"安排任务时候为难的表情，以及最后决定安排通讯员护送我的情节看，"我"应该是一个柔弱纤细的年轻女战士；从通讯员在护送"我"去包扎所的一系列表现，如"但脸还是朝着前面，没看我一眼""他也在远远的一块石头上坐下，把枪横搁在腿上，背向着我""他见我挨他坐下，立即张皇起来，……局促不安，掉过脸去不好，不掉过去又不行，想站起来又不好意思""他没回答，脸涨得像个关公，讷讷半晌"等这些细节看，"我"是一个特别让小通讯员感到羞涩的女人，而漂亮的女人最容易让男人羞涩的。由此我们可以推想，小说中的"我"应该是一个文艺、纤弱、漂亮的女战士。

　　作者之所以要让小说中主要人物在外相上以美的姿态呈现，至少有三个方面的考虑。一是为了暗合文章题目"百合花"的象征意义。百合花是圣洁和美丽的象征，圣洁的是品格，美丽的是外表。故作者在人物塑造上不仅要追求人物与百合花品格的相似，还追求二者外表的相似，这样人物与题目的关照就更加密切。二是为了与小说的情节发展相照应。因为作者在小说的情节中，融入了一些爱情的元素，对于人物形貌如此刻画更符合情节的真实。三是为了突出主题的完美性，小说的主题是赞美至善至美的人情、人性，所以作者在人物的塑造上追求的是一种理想化的完美，即使在相貌刻画上，也不容许有一点瑕疵。

　　人物的情感之美、自然之美、形貌之美，与具有象征意味的百合花之美，美美与共，成就了小说的大美，成就了那一朵圣洁的"百合花"。

参考文献

[1] 罗阳.浅谈《百合花》中的人性美[J].魅力中国，2014（12）.

[2] 李晓旻.宏大的历史叙事下个体情感的突围——论《百合花》女性视角下的个性化写作[J].青春岁月，2014（16）.